外贸内容营销必修课

Content Marketing

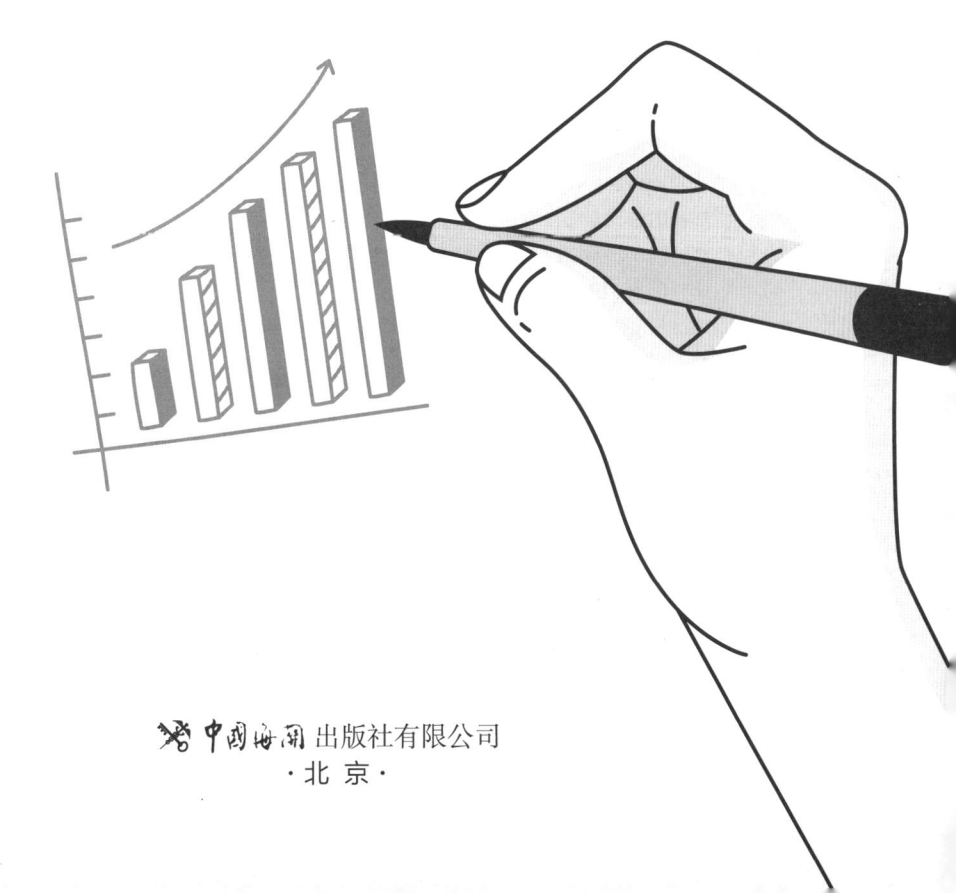

杨波 著

中国海关出版社有限公司
·北京·

图书在版编目（CIP）数据

外贸内容营销必修课／杨波著．—北京：中国海关出版社有限公司，2023.8
ISBN 978-7-5175-0707-9

Ⅰ.①外⋯　Ⅱ.①杨⋯　Ⅲ.①对外贸易-市场营销学　Ⅳ.①F740.4

中国国家版本馆CIP数据核字（2023）第150139号

外贸内容营销必修课
WAIMAO NEIRONG YINGXIAO BIXIU KE

著　　者：杨　波	
策划编辑：景小卫	
责任编辑：孙　旸	
出版发行：中国海关出版社有限公司	
社　　址：北京市朝阳区东四环南路甲1号	邮政编码：100023
网　　址：www.hgcbs.com.cn	
编 辑 部：01065194242-7535（电话）	
发 行 部：01065194221/4238/4246/5127（电话）	
社办书店：01065195616（电话）	
https://weidian.com/?userid=319526934（网址）	
印　　刷：北京鑫益晖印刷有限公司	经　销：新华书店
开　　本：710mm×1000mm　1/16	
印　　张：11.25	字　数：150千字
版　　次：2023年8月第1版	
印　　次：2023年8月第1次印刷	
书　　号：ISBN 978-7-5175-0707-9	
定　　价：48.00元	

海关版图书，版权所有，侵权必究
海关版图书，印装错误可随时退换

前　言

当前，外贸出口企业面临如下发展趋势：

1. B2B 订单碎片化

随着跨境电商的迅猛发展，越来越多的中小企业、在线零售商涌入 B2B（企业对企业）平台。B2B 平台上呈现出一种订单碎片化的趋势。订单碎片化，换句话说就是，大单变少，小单变多，客单价变低。

其实，不仅对中小企业，对一些大企业而言，高频次、低批量的补货策略也是大势所趋，因为这样可以降低库存风险。

2. 流量获取成本越来越高

伴随 B2B 订单碎片化的趋势，流量获取成本也越来越高。为什么呢？因为在 B2B 平台上面，流量有限，但是越来越多的企业在竞价，这就导致流量获取成本水涨船高。

3. 流量转化率不高

大部分企业的流量转化率很低。买回来的流量转化不了，导致 ROI（投资回报率）很低，只能亏损。不买，又不知道如何免费获取自然流量。

4. 企业生产成本越来越高

人工成本越来越高，导致生产成本不断增加。这给外贸出口企业带来了更大的压力。

5. 线下展会取消，转移到线上

之前受疫情影响，线下展会取消，大量的买家转移到了线上。这就导致线上流量逆势反弹。

总的来说，随着B2B订单的碎片化和企业生产成本日益高涨，外贸平台费用在逐年增加，点击单价、获客成本越来越高。绝大部分中小外贸出口企业越来越难。

在这种环境下，如何低成本地获客，是绝大部分中小外贸企业迫切希望解决，但又一直无法解决的问题。

现在，内容营销已经渗透到各行各业。在国内，短视频带货、直播带货、图文导购这些内容营销如火如荼。尤其是在B2C（企业对消费者）领域，很多企业都在实践内容营销，取得了非常好的效果。在国外，内容营销的概念由来已久。国外中小企业通过内容营销开发客户，已经有非常成熟的理论与实践经验。

既然内容营销非常有效，那么我们是否可以把内容营销经验用到外贸出口上面来呢？答案是肯定的。

外贸出口企业可以利用新媒体平台，开展多种形式的内容营销，实现低成本获客，拉动出口额增长。

当前，在外贸出口这块，虽然有小部分企业实践了内容营销，但是效果并不令人满意。在此背景下，我参考了大量国外先进的内容营销理论，整理了国内外内容营销的成功案例，充分总结了这些年我自己的内容营销经验，创作了本书。

本书提出了大量新概念、方法论和观点，并对其现实意义进行了论证；

演示了海外新媒体平台内容营销的过程、阿里巴巴国际站内容营销的整个过程、独立站内容营销的过程、免费B2B平台内容营销的过程、邮件营销过程，等等。在本书最后一章，我列举了一些内容营销的案例，按照不同的目的，各举一例，一共6个。成功的案例可以为我们指引方向。阅读这些案例，可以提升你对内容营销的信心。因为案例比较长，所以我把它放在了本书最后一章。你也可以先读这一章。

通过内容营销，外贸出口企业可以实现低成本获客，并建立获客的长效机制。

本书将重点解决如下关键问题：

- 什么内容受用户欢迎，什么内容受新媒体平台欢迎，如何兼顾？
- 如何原创内容？如何保证拥有源源不断的高质量原创内容？
- 内容的数量与质量哪个更重要？如何平衡？
- 如何提升内容输出的数量，做到日更？
- 如何平衡内容的深度与广度？
- 新媒体平台的领域权重是什么？
- 用个人号还是品牌号输出内容？
- 如何在新媒体平台上脱颖而出？如何让增粉的效率最大化？
- 什么是参与度？如何获得新媒体平台的大力推荐，进而获得大量的流量？
- 如何做内容分发？内容分发的注意事项有哪些？
- 如何推广内容？如何最大化地获取搜索流量与推荐流量？
- 无信任，不成交。在做内容营销时，如何解决陌生客户对我们的信任问题？
- 外贸B2B在做付费推广的时候，如何尽量少花冤枉钱？
- 如何做站内SEO（搜索引擎优化）？
- 如何很好地获取外链？
- 大SEO怎么做？如何让客户主动找上门？
- 什么是永生内容？什么是原生内容？

- 输出内容时，应该遵循图文并茂原则，具体怎么做？
- 如何运用"话题终结者"策略输出超高质量的内容？
- 如何改写与更新旧文？
- 输出内容时，如何用清单来检查、修改、提升内容？
- 如何快速让流量倍增？
- 如何做UGC（用户生成内容）？
- 如何挖掘大量的选题？如何挖掘目标受众最感兴趣的话题？
- 如何生产高质量的内容？如何写好标题与正文？
- 阿里巴巴国际站的内容营销怎么做？如何将大SEO策略应用到阿里巴巴国际站的运营中？
- 独立站建设必备的架构与功能模块有哪些？如何用独立站做内容营销？如何获取大量高质量的外链？
- 如何用免费的B2B平台轻松获取大量高质量的询盘？
- 如何利用主流的海外新媒体做内容营销？主流的海外新媒体的特点与内容营销经验有哪些？
- 邮件营销怎么做效果比较好？开发信怎么做效果比较好？
- 如何基于不同目的做内容营销？有哪些可供参考的内容营销案例？

目　录

第一章　内容营销基本概念

第一节　什么是内容与内容营销？　|2
第二节　利用内容营销开发外贸客户的好处　|2
第三节　认识内容平台　|3

第二章　不变的内容营销思维

第一节　内容营销的指导思想　|10
第二节　如何原创内容？　|11
第三节　内容源　|12
第四节　内容的数量与质量　|14
第五节　如何提升数量？如何做到日更？　|15
第六节　内容的广度与深度　|16
第七节　新媒体平台的领域权重　|17
第八节　输出内容时用个人号，还是品牌号、公司号？　|17
第九节　辨识度　|19
第十节　参与度　|19
第十一节　启动流量　|21
第十二节　内容分发　|22
第十三节　内容推广　|23
第十四节　外贸企业的内容营销思维　|27
第十五节　理性付费推广　|30

第三章 内容营销策略

- 第一节 站内 SEO | 36
- 第二节 站外 SEO | 37
- 第三节 大 SEO | 39
- 第四节 输出永生内容 | 42
- 第五节 输出原生内容 | 44
- 第六节 图文并茂原则 | 45
- 第七节 "话题终结者" | 46
- 第八节 改写与更新旧文 | 48
- 第九节 输出内容的检查清单 | 50
- 第十节 输出多语言版本的内容 | 51
- 第十一节 UGC | 51

第四章 内容输出技巧

- 第一节 设置新媒体账号 | 56
- 第二节 挖掘关键词 | 56
- 第三节 选题 | 59
- 第四节 如何写一篇好文章? | 63

第五章 阿里巴巴国际站内容营销怎么做?

- 第一节 核心思路 | 70
- 第二节 做好整体规划 | 73
- 第三节 挖掘关键词 | 77
- 第四节 阿里巴巴国际站详情页的要求与规范 | 78
- 第五节 发布产品时,如何布局长尾关键词? | 82
- 第六节 如何改写旧有零效果产品? | 86
- 第七节 常见的几个"坑" | 87

第六章 独立站内容营销

第一节　独立站的概念　｜92

第二节　独立站的目的与作用　｜92

第三节　独立站建设　｜93

第四节　外链建设　｜97

第五节　点击提权　｜101

第七章 如何用免费 B2B 平台轻松获取高质量的询盘？

第一节　B2B 平台免费开店，如何迅速获取大量询盘？　｜104

第二节　免费 B2B 平台有哪些？　｜105

第三节　以中国制造网为例详解 B2B 免费内容营销　｜107

第八章 海外新媒体平台内容营销

第一节　Quora 内容营销　｜110

第二节　YouTube 内容营销　｜113

第三节　Pinterest 内容营销　｜116

第四节　Reddit 内容营销　｜117

第五节　Facebook 内容营销　｜120

第六节　LinkedIn 内容营销　｜122

第七节　Instagram 内容营销　｜124

第八节　Twitter 内容营销　｜126

第九节　Medium 内容营销　｜127

第十节　TikTok 内容营销　｜129

第九章 EDM 营销

第一节　阿里巴巴国际站站内的 EDM 营销　｜134

第二节　站外 EDM 营销　｜135

第三节　如何提升 EDM 的打开率和转化率？　｜140

第四节　EDM 的经验　｜ 145

第五节　EDM 的陷阱　｜ 146

第六节　EDM 的局限性　｜ 147

第十章　内容营销案例分析

第一节　案例：利用内容营销轻松获得洗手液大额订单　｜ 152

第二节　案例：B2B 产品独立站内容营销　｜ 153

第三节　案例：B2C 内容营销做虚拟产品　｜ 155

第四节　案例：外贸 KOL 如何建立外贸人脉圈子，吸引资源？　｜ 157

第五节　案例：没有外贸部门的工厂，如何让大量贸易公司主动找上门？　｜ 163

第六节　案例：创业 3 年，仅靠一个视频火爆全网，10 亿美元被收购　｜ 168

第一章
内容营销基本概念

第一节　什么是内容与内容营销？

什么是内容？凡是可以输出为文字、图片、音频、视频、直播等形式的信息都属于内容。

什么是内容营销？通过输出内容，为读者贡献价值，顺带营销自己的产品和服务，这就是内容营销。

效果最好的是原生内容营销。什么是原生内容营销？就是将你要推广的产品和服务本身作为高价值的内容贡献给读者。内容本身就是广告，广告本身就是内容。比如，在新媒体平台上普及干冰清洗机的工作原理，就属于原生内容营销。

第二节　利用内容营销开发外贸客户的好处

内容营销的好处体现在以下几点：

1.免费

不需要投钱，只需要输出内容。

2.流量更大

在所有平台上，免费流量都远比付费流量大，几乎所有人都会主动避开广告。

3.长尾效果

你输出的每一篇内容,在网上都会留存很久,有的甚至长达几十年。只要内容一直存在,就有可能给你带来潜在客户。

4.复利效应

你输出的高质量内容越多,你的流量和客户就越会呈现出复利式增长,而不是线性增长。

5.让客户主动找上门

做内容营销,可以让客户主动找上门。上门的生意好做,比主动去推销的效果要好得多。

第三节 认识内容平台

一、搜索引擎与推荐引擎

(一)什么是搜索引擎?

类似Google(谷歌)、百度、Bing(必应)这样的工具就是搜索引擎,是你在互联网上检索信息所用的工具。

需要强调一下,阿里巴巴国际站、1688、环球资源、MIC(中国制造网国际站)这类平台上的搜索框,也可以被看成是搜索引擎,因为同样是搜索流量入口。这种平台内部的搜索框也有非常大的流量,只不过只在平台内部起作用。

新媒体平台内部的搜索框,也可以被看成是搜索引擎。

总结成一句话:但凡搜索框,都可以被看成是搜索引擎;但凡有搜索框的地方,就可以做SEO(搜索引擎优化)。

(二)什么是推荐引擎?

类似于今日头条、抖音、快手,能根据你的个性化标签、兴趣爱好给你推送个性化内容的平台，就是推荐引擎。

现在，各个新媒体平台，包括电商平台，也都开始给用户推送个性化的内容，不再单靠内部搜索框了。

（三）搜索引擎和推荐引擎的区别是什么？

搜索引擎是人找内容，推荐引擎是内容找人。两者截然不同。

搜索引擎获取的流量，目的非常明确，意向也更强烈。而推荐引擎获取的流量，意向就弱得多。这就好比你开了一家水果店，买家主动找上门，成交的概率就大，而你去店外发宣传单，成交的概率会小得多。

几年前互联网的流量入口主要是搜索引擎。现在发生了变化，主要是因为移动互联网兴起，推荐引擎的流量比搜索引擎的大，所以大家把目光都放在了推荐引擎上面，缺乏对搜索引擎的重视。其实两者并不对立，可以综合运用。

随着大数据技术的发展，推荐引擎的算法越来越成熟，推送信息的精度越来越高，营销效果自然越来越好。

二、海外主流新媒体平台的特征

（一）图文内容平台

1. 独立站

很多外贸出口企业会建独立站，尤其是做跨境B2C的企业。

这里提到的独立站，有别于Shopify。Shopify看似独立，其实并不独立。你等于借Shopify平台建了一个网站，若产生交易，Shopify要收取0.5%~2%的佣金。

2. Twitter

国内的微博，就是对标Twitter（推特）做起来的。阿里巴巴是微博的大股东。它曾经将1688与微博打通，让企业发在1688上面的产品，自动同步到微博上面去。只是这种做法的效果微乎其微，因为微博更适合B2C，不太适合B2B。

同样，Twitter也更适合B2C。如果B2B生意非要在Twitter上做内容营销，常规做法行不通，后文会提到更好的做法。

3.Facebook

Facebook（脸书）既适合做B2C内容营销，也适合做B2B内容营销。Instagram（一款可以分享用户照片和视频的社交媒体平台）是Facebook旗下的。

4.Quora

Quora是问答平台。国内的知乎对标的就是Quora。

Quora是最佳内容营销平台之一，因为你在上面回答问题，等于直接给潜在客户提供答案，这属于原生内容。做销售，讲究场景，你在合适的问题下给出答案，这就是最佳场景。

Quora既适合B2C内容营销，也适合B2B内容营销。

5.LinkedIn

LinkedIn（领英）是全球领先的职场社交平台。在上面你可以很轻松地找到客户。当前在LinkedIn上面输出内容的人比较少，可以说优质内容在LinkedIn上还处于供不应求的状态。因而，我认为LinkedIn也是最佳内容营销平台之一。

（二）图片内容平台

1.Instagram

Instagram特别适合做B2C内容营销。如果用来做B2B内容营销的话，可以放信息图、报表等。

2.Pinterest

Pinterest（拼趣）上面有大量的信息图，特别适合将内容做成信息图发上去。Pinterest适合B2B内容营销，也适合B2C内容营销。

（三）视频内容平台

1.YouTube

视频网站YouTube的内容营销效果非常好。无论是B2C内容营销还是B2B

内容营销，YouTube都非常合适。你可以直接在YouTube上面做视频内容营销，也可以将YouTube上面的视频内嵌到独立站或其他社交媒体上面去。

2.TikTok

最近这两年，TikTok特别火。TikTok与抖音属于同一家公司，在国内叫抖音，在国外叫TikTok。

目前，TikTok全球下载量已经超过30亿次，月活跃用户超过10亿，而且数据还一直保持高速增长的势头。对比TikTok与抖音的数据，你就会发现：TikTok用户数更多，但是TikTok平台上的内容创作者比抖音上的少得多。在TikTok平台上，内容创作者严重供不应求。所以，当前TikTok是一个风口，特别适合做B2C内容营销。B2B企业也需要布局。

（四）音频内容平台

常见的有BuzzSprout、RedCircle、RSS.com。

音频形式的内容，往往会被你忽略。其实，音频的用户质量特别高，不仅学历高，收入也高。另一个显著的特点是，用户往往利用闲暇时间，比如开车、等人的时间来听音频，那段时间他不会受外界噪声的干扰，音频内容的传递效率非常高。

（五）电商内容平台

常见的有阿里巴巴国际站、中国制造网国际站、亚马逊。

外贸电商平台上的流量质量更高一点。为什么？这些电商平台上的流量，很多甚至一大半来自Google，可以说是Google流量的一个子集。但是，电商平台上的流量已经经过一次过滤，采购意图更强，所以，电商平台上的流量质量比搜索引擎上的更高一些。

当然，通过Google的精准关键词功能定位客群，同样可以触达优质客户，但这里有个前提条件，你需要有强大的背书，因为，无信任，不成交。

尤其是B2B领域的订单，很多金额较大，不容有失，客户都会货比多家，选择一家特别值得信赖的。花两千元搭建一个独立站，放一些生产线的照片和视频，但没有放工厂大门招牌、工厂大楼广告牌，那客户多半不会信任你。所以，强大的背书，可以解决信任问题。

客户看到你在电商平台上开店，会更放心，因为有平台为你背书。像阿里巴巴国际站，还可以担保交易、提供第三方验厂服务、收取较高的年费，这些背书都可以迅速建立陌生流量对你的信任。

由此可见，入驻电商平台并在上面做内容营销意义重大。

第二章
不变的内容营销思维

第一节　内容营销的指导思想

输出内容的一个指导思想就是贡献价值。

贡献价值分为为用户贡献价值和为平台贡献价值。

一、为用户贡献价值

你的内容要为用户贡献价值，唯有这样，用户看了你的内容，才会有收获，才会对你产生好感。用户会认为你很专业，或者很友好，进而在做采购决策的时候，会更倾向于参考你的意见。反之，如果你一上来就推销，用户就会非常反感。或许你觉得自己的软文广告写得很高明，用户不会看出来，但是只要有一个用户看出来了，就会在评论区揭你的老底。

可以参考的案例很多。

比如，米其林是做轮胎的，那它为什么要做《米其林指南》呢？它是在想方设法给用户贡献价值，从而想到通过一本小册子帮助用户挑选好餐厅、规划旅行线路，顺便推销一下自己的轮胎主业。

比如杜邦定律：63%的消费者是根据商品的包装来选购商品的。杜邦公司是美国大型化学工业公司之一，它为什么要研究消费者的行为呢？

其实，这里面的逻辑就是，你得想办法为你的客户贡献价值，建立你和他们之间的连接。只要他们在做采购决策的时候，优先想到你，或是基于互惠的想法，优先选择你，就够了。

二、为平台贡献价值

国外绝大部分新媒体平台对用户在其平台上面发布品牌广告，特别是个人品牌广告，包容性是非常强的。但是，如果你做的广告非常恶俗，情况严重的话，它们就会把你的账号封掉。那么，如何最大化地规避被封号的风险呢？

你新注册一个账号，一开始不要直接发布大量广告，要先为平台贡献大量高质量的内容，做一下铺垫，积累账号的权重。所有的平台对自己平台上高权重用户的包容性都特别强，平台就是靠这些优质用户创造的高价值内容而生存的，当你的账号权重起来之后，再在平台上面做一些原生广告，平台会更容易包容你。换句话说，一个新的账号，一开始要做的工作就是证明自己不是垃圾账号，而是正规账号。证明的方法就是持续为平台贡献价值，输出高质量的内容。等你输出了大量高质量内容之后，时不时地在新输出的内容当中植入原生广告，就会产生非常好的效果。

第二节 如何原创内容？

所有新媒体平台都喜欢原创内容。如果你赤裸裸地抄袭，平台甚至会封杀你。所以，对于外贸团队来说，内容原创能力极为重要。那么如何拥有强大的原创内容输出能力呢？

这里提供三种方法。

一、海量输入，保证自己有大量的输出

不断地学习、输入内容，这是拥有原创能力的一种方法。

二、大量参考各种文献、他人的内容和数据，然后输出自己的原创内容

这有点类似于文献综述。

好的艺术家"抄袭"创意，伟大的艺术家"窃取"灵感。你可以在别人内容的基础上二次创作，但是需要掌握好度。大篇幅地摘抄属于侵权行

为，你应该合规使用（Fair Use）。可以参考哈佛大学官网上对版权合规使用的解释。

三、从一开始就规划好内容源，保证有源源不断的高质量原创内容

什么是内容源？如何规划好内容源呢？"内容源"这个概念非常重要，一两句话难以说清楚，所以，下面我单独用一节来重点说说。

第三节　内容源

一、内容与流量之间的逻辑关系

如果你拥有源源不断的高质量内容，那么就肯定拥有源源不断的精准流量。按照这个逻辑，你需要找到产品或服务的内容源。某些领域，天然不缺内容，比如做影评、书评、新闻评论。而很多B2B领域要做到永远不缺内容，难度似乎挺大。其实，不论你在多么冷门的B2B行业，只要认真地规划，就可以做到不缺内容。

二、B2B领域做内容营销的选题方向

以一家生产干冰清洗机的工厂来举例，图片和视频这块，可以做的内容很多，包括：

- 每天为客户打样的图片和视频；
- 员工身穿工作服作业的图片和视频；
- 参加展会的图片和视频；
- 清洗作业的图片和视频；
- 大量清洗前后的图片和视频；
- 合作客户的图片和视频；
- 和客户的合影和视频；
- 大客户logo（商标）、公司标牌的图片和视频；

- 客户访谈视频；
- 工厂工人生产的图片和视频；
- 大量生产的图片和视频；
- 大量出货的图片和视频；
- 工厂验厂（工厂大门、工厂内部）的图片和视频；
- 办公室（员工）的照片和视频；
- 团队的合影和视频；
- 记录办公室趣事的图片和视频；
- 公司负责人的照片和视频；
- 反映公司负责人的想法和观点的图片和视频；
- 普及产品的原理、应用等的图片和视频；
- 网上客户的好评图片和视频；
- 认证报告、获奖证书的图片和视频；
- 记录行业资讯、动态的图片和视频；
- 优惠信息相关的图片和视频。

其中，为客户打样这一项就可以做到让内容源源不断。

三、借助选题工具找到大量选题

我在后文会详细介绍关键词挖掘工具，比如Google Keyword Planner（谷歌关键词规划师）或SEMrush，利用该工具将行业所有关键词都挖掘出来，然后把每个核心关键词都当作选题，出一篇文章。还可以结合AnswerThePublic、Quora、Reddit等工具，挖掘潜在客户问过的问题，将每个问题都作为选题来出内容。

这样一来，你基本上就可以做到内容源源不断。

具体的做法，我在后文会详述。

四、重视收集营销素材

要做到让内容源源不断，你必须重视内容。要特别重视营销素材的收集，做干冰清洗机的这家工厂之前就没有重视这个方面。这家工厂参加过很多展会，但是没拍摄什么参展照片。其实，参展照片可以被用来做背书。

如果你没有阿里巴巴国际站平台作为背书，只有一个独立站，很难让客户信任你并和你成交。但如果你在网站上放置一些参展的照片和视频，立刻就可以建立起信任感。客户会觉得你的公司还是有实力的，参加过那么多展会。

生产干冰清洗机的这家工厂也没有投钱去做一个大气的标牌，工厂门口只是简单地挂了一个小牌子，很不起眼。不起眼到什么地步呢？它自己都不好意思把这个标牌拍下来，告诉客户这是家工厂。

这家工厂服务过很多国内客户，但是从来没有做过客户采访、客户合影、客户见证，等等，非常可惜。事实上，这类内容的背书价值是巨大的。

五、UGC

最后，还有一个非常高明的策略，可以保证你拥有源源不断的高质量内容，那就是UGC（用户生成内容）。几乎所有的新媒体平台都在用这个策略，比如阿里巴巴国际站、YouTube、Instagram、Facebook、TikTok、Reddit，等等，它们只提供平台，用流量、扶持基金等政策激励用户在平台上输出内容。作为中小企业，自然也可以借鉴UGC这个策略来出内容。关于UGC，后面会详细介绍。

第四节　内容的数量与质量

做内容营销，数量和质量哪个更加重要？我估计很多人心里都会有这样的答案：在保证质量的基础上加大数量。其实，这是一句正确的废话。

我的观点是，数量和质量哪个更重要得分情况：

- 在B2C领域，数量大于质量。尽量放大数量，但是质量也需要保持一定的水准。
- 在B2B领域，质量大于数量。应该尽量把质量做好，然后再追求数量。

如果内容质量很高，但是数量太少，在B2C领域，面向的是终端消费者，他们很容易把你忘掉。

在B2C领域，你与客户之间建立的是人与人之间、心与心之间的连接关系，更多的是感性的，多频次地出现在用户面前，能加强这种连接，增强他们的参与度。

在B2B领域，你与客户之间建立的，更多的是一种弱连接，因为B2B领域是纯理性的，你想打动他们，只能靠内容质量。

我在Quora上面做过测试，内容质量稍微高一点，阅读量就会多很多。

在B2B领域，重视质量的同时，也要保证一定的数量。

如果你问："做内容营销，什么最重要？"有经验的新媒体人就会告诉你，持续性（consistency）最重要。持续性意味着坚持不懈，意味着极大的数量。量变引起质变。只有持续做下去，你才会看到复利效应。

第五节　如何提升数量？如何做到日更？

无论是B2C还是B2B，都有一种快速出内容的方法，那就是：记录，而不是创作。什么意思呢？你写日记，往往只是记当天的流水账。记流水账这种做法，没有思考、没有深度，但是对于输出内容、做内容营销来说是非常有利的，因为它可以提升你输出内容的数量，做到日更。

如果你每次都要重新开始创作，输出新的观点，输出有深度的思想，难度就大了很多，这样就很难保证数量、做到日更。

"记录，而不是创作"，使用这种方法输出内容，会不会影响内容的质量呢？不会。

首先，绝大多数B2B行业，对外行人甚至业内人士来说都是陌生的，用记录的方式让客户看到业内的一些事情，他们会觉得很新奇，觉得这些内容增广了见闻，对他们来说是有价值的。

其次，就算你做的是B2C，只要用得好，是不会影响到内容质量的。比如现在火爆的直播，只是用镜头时时刻刻地记录，展示给客户看而已，

/ 15 /

并没有创作。但通过直播，你也可以输出高质量的内容，比如直播生产线、服务过程、客户现场作业，等等。这些"内幕"在以前，客户是没法知道的，现在通过直播，增加了透明度，他们会觉得非常有价值。直播能带给客户现场感，增强客户对你的信任。你也可以通过视频和图文去记录，记录公司每天发生的一些重大事件，一些令人兴奋、值得骄傲的或有趣的事，展示给客户看。通过这种方式，你很容易提升输出内容的数量，做到日更。

第六节　内容的广度与深度

内容有两个维度需要关注：广度和深度。

广度是指内容覆盖的信息有多全面。深度是指内容的一个或多个知识点往下挖掘得有多深。

提到内容质量，我们一般想到的就是内容的深度。其实不然。有足够的内容深度，当然能说内容质量比较高。但是如果广度足够，内容的质量也可以做到非常高。

为什么这么说呢？深度是提供给资深用户看的，广度是提供给新手用户看的。特别是当你面向搜索引擎的时候，做广度有利于提高在搜索引擎上的排名。你的一篇内容尽量覆盖得比竞争对手的全面，就能给新手用户带去更好的体验，因为他们可以一站式了解所有信息。另外，绝大部分用户是新手用户，在数量上比资深用户多，所以，他们的点击量更多、参与度更高，更有利于提高在搜索引擎上的排名。

所以，有时候刻意追求深度，很可能吃力不讨好，因为你面向的受众太小。越是高深的知识，受众往往越小，比如一些博士研究的课题，受众肯定很小。正是因为不懂这个逻辑，一些博士、教授在做自媒体的时候，把内容做得太深，这样受众面就很窄，反而吸引不到很多粉丝。

当然，追求深度也有好处。当你的内容做得特别有深度的时候，很容易获得意见领袖的转发和站长的外链。而转发有利于推荐引擎加大对你的推荐力度，外链有利于提高你在搜索引擎上的排名。当然，你的内容有深度，也要符合他们的品位才行。

总的来说，做广度与做深度各有优点，你要根据自己的目的、场景灵活运用。

第七节　新媒体平台的领域权重

你在一个新媒体平台申请了一个账号，平台会划分这个账号的方向和领域，计算你的账号在对应领域的权重。如果你在某个领域特别权威，平台就会给予你更大的权重和推荐力度。

最典型的例子就是知乎。如果你出过书，平台验证之后，就会给你在对应领域更高的权重，因为知乎是一个知识分享平台，出过书的作者输出的内容肯定有更高的深度、更大的广度和权威度。

同样，一个网站一旦被搜索引擎收录，就等于是用网站的域名在搜索引擎上做了登记，搜索引擎在排名的时候会考虑这个网站所属的领域，计算它在这个领域的权重，进而排序。如果领域权重很高，那么搜索引擎就会把该网站在这个领域输出的内容排在前面。

为什么叫作"领域权重"，而不是泛泛的权重？因为没有人能在那么多领域都专业。我们一般只能在一两个领域里做得特别专业。当然，我们身边也确实有一些全才。如果你真的是一个全才，也不用担心在领域权重算法上吃亏。你可以同时在多个领域拥有很高的权重，并不冲突。你只需要在多个领域输出高质量的内容，平台会自动并行计算你在多个领域的权重。

第八节　输出内容时用个人号，还是品牌号、公司号？

在新媒体平台上面输出内容，是以个人的名义输出比较好，还是以公司或者品牌的名义输出比较好？

我们对人的兴趣要远远大于对抽象概念、品牌和公司的兴趣。所以，一般来说，我们希望用个人的名义来输出内容。

为什么呢？

- 因为人是有温度、有感情的，几乎所有的用户都更愿意关注一个人，而不是一个品牌或者公司；
- 如果你是以品牌或者公司的名义输出内容，新媒体平台上的用户看到你的第一眼就会产生一些抵触心理，因为他们知道你是来这里做营销的；
- 以个人的名义输出内容，顺便推广产品或者品牌，用户就不会有抵触心理。甚至在很多用户看来，你代表的是第三方客观立场，输出的内容更加可信，推荐的产品或者品牌更加值得信赖；
- 在所有人眼中，公司的负责人就代表这家公司，所以，一般以公司负责人的名义来输出内容；
- 如果希望做到全员营销，设立多个账号，形成矩阵，那么就更应该用个人号去做。

虽然说以个人的名义输出内容好处很多，但是实际上也有很多公司会以公司或品牌的名义输出内容，比如本书后面提到的工厂。

以公司或者品牌的名义开多个账户输出内容，这么做有什么好处呢？

好处包括：

- 代表官方正式发言；
- 直接彰显公司的实力；
- 当个人无法支撑起公司的产品和品牌高度的时候，用整个公司来做会更好一些；
- 你的账号头像就是品牌logo，你的名字就是核心关键词，你的slogan（广告标语）就是广告，每一次在新媒体平台上面露出都可以获得有效曝光。

当然，以品牌的名义来做账号，主要考虑的是：

- 你的首要工作是用核心关键词作为用户名，去占据各个新媒体平台的搜索引擎入口。比如，你卖的机器比较贵，客户在决策的时候一定会货比三家。你只需要占据各个新媒体平台的搜索引擎入口，这样只要客户在这些新媒体平台上面想了解相关的资讯,只要他们用这些新媒体平台上面的内部搜索框进行搜索,就一定会搜到你,因为你的排名很靠前,把你纳入他们的比价系统,就可以了。这是你首要考虑的因素;

- 其次,公司的负责人不擅长内容输出;
- 最后,新媒体平台上的用户首先关注的还是内容。如果你输出的内容确实有价值,确实让他们受到了启发,他们就会去看你的头像、账号、签名,一眼就能明白你是做什么的、优势是什么。

当然,你在用公司号输出内容的同时,也可以注册一些个人号,起到第三方客观中立的作用。

总的来说,个人号也好,公司号或品牌号也好,都有各自的优缺点。你可以结合自己公司的特点、产品的特点,灵活运用。

第九节　辨识度

学过营销的都明白一个道理,不同优于更好。与其比竞争对手做得好,不如做得不同。换句话说,就是需要做出差异来。一般的差异还不足以产生辨识度,需要极大的差异,才会有非常清晰的辨识度。

大量的案例告诉我们,我们喜欢关注那些极具辨识度的人或事。

为什么抖音和快手上面那些表情非常夸张、不正经说话的主播,反而特别容易得到关注?如果你中规中矩,和大家做得都一样,凭什么能够得到大家的关注?除非你做得早,在平台早期就入驻,得到了平台的扶持。一旦风口过了,没有红利了,你就需要做出辨识度来。消费者的心智资源太有限,同一个类型的,甚至记不住第二个,倒是很容易记住第一个。

第十节　参与度

小米的黎万强出过一本书,叫作《参与感》。我们听说过参与感,但是很少有人听说过"参与度"(engagement)。

一、参与度是什么？

参与度是用来衡量用户参与程度的。

用户参与的程度越深，和你之间建立的关系就越紧密，就越不容易忘记你，就越容易成为你的忠实粉丝。

二、用户的参与度如何去衡量？

可以用这些指标去衡量：

- 曝光；
- 点击；
- 评论；
- 点赞；
- 完播率；
- 停留时长；
- 转发；
- 收藏；
- 关注；
- 购买；
- 复购。

以上这些指标，从上至下，参与度一个比一个深。

你要追求更深的参与度，因为无论哪个平台，都在运用参与度这个概念去设计算法。你的内容到底优质不优质，平台可以依据上面这些指标来做判断。如果你的内容只有曝光，没有点击，那就属于很差的内容。哪怕你说封面和标题没有设计好，实际上内容很优质，也没用。

如果你的内容点击率很高，但是每个人点进去只停留了一秒钟就立即退出，这说明什么呢？说明你把一些用户"骗"了进来，他们进来之后才发现上当了，于是立即退出。这不能说明你的内容很优质，只能说明你的内容很差，所以平台就会惩罚你，不会给予你更大的推荐力度，你的内容就会没有流量。

为什么现在阿里巴巴国际站平台那么重视购买和复购呢？不仅仅是因为这涉及平台自身的利益，也因为这两个指标最能体现用户的参与度，最能体现你的产品是否优质。所有的平台都希望把优质的内容推荐给更多的用户，只有这样，用户在平台上才能有获得感，才会愿意反复使用这个平台、在这个平台上面停留更长的时间。

总的来说，不论是搜索引擎还是推荐引擎，它们的算法都是按照参与度来设计的。深刻理解参与度这个概念，对做内容营销来说是至关重要的。

第十一节 启动流量

知道了参与度的重要性，首先就会遇到一个小问题：平台需要将你内容的初始参与度数据输入算法，才能计算出给你的内容多大的推荐力度。作为新手，你刚开始做内容的时候，发布一篇内容可能没有任何曝光和点击。没有曝光，没有点击，就没有初始数据传达给平台，平台就没法知道你的内容是否优质，就不会给予你的内容任何推荐。

你想要平台更大力地推荐你的内容，获取更多的流量，就需要告诉平台你的内容的参与度数据。可是，这个数据怎么来呢？需要一定的启动流量，才能产生数据。

这个启动流量如何来？

在平台早期，存在流量红利。为了激励内容创作者，平台会先将每个新作品都投放到一个很小的流量池里面去，看一下这个内容的数据好不好，再决定是否要进一步把它放到更大的流量池里面去。抖音、快手早期是这样做的。

但是在后期，因为内容太多，僧多粥少，平台就做不到都用启动流量去推了。这个时候，怎么办呢？

很多做抖音的人，在发布一个优质作品的时候，会立刻购买50块钱或100块钱的广告，做启动流量，先积累参与度数据，给平台看。

很多做阿里巴巴国际站的人在发布一个优质产品之后，会立刻用P4P（外贸直通车）去助推一下。

启动流量还可以从私域流量池里面来，前提是你已经有了自己的私域流量池。

第十二节　内容分发

一、内容分发的原创首发原则

就像以前我们向杂志社投稿，它们会要求原创首发一样，几乎所有的内容平台都喜欢原创首发。如果你能在某个平台上做到原创首发，就会更容易获得平台的推荐、获得更大的流量。如果你想在Facebook上发布一个视频，就直接上传到Facebook，不要先发到YouTube上，再把这个视频的YouTube链接嵌入Facebook的一个帖子里面。

二、内容分发的先后顺序

一般而言，你需要先将内容发到搜索引擎官网，再分发到新媒体平台。
为什么要这么做呢？

搜索引擎特别喜欢原创内容，不喜欢抄袭的内容。如果你先将内容发布到新媒体平台，再发到官网，在搜索引擎看来，官网的内容很可能是抄袭新媒体平台上的，搜索引擎就不会给你的这篇内容很好的排名，甚至不会收录。

如果先将内容发到官网，再发到新媒体平台，既可以获得搜索引擎的流量，又可以获得新媒体平台的流量。一般而言，新媒体平台只看你的这篇内容在其平台上是不是原创的，不管在整个互联网上是不是原创的。

当然，现在有一个趋势：一些新媒体平台已经能够判断你的内容是不是在它们的平台上原创首发，如果是，它们会加大对你的内容的推荐力度，如果不是，它们就不怎么推荐。如果是这样的平台，你要么在这个平台上原创首发，要么把同样的内容改编一下，再发布到这个平台上。对同样的内容稍作改编，再发到新媒体平台,这种做法行之有效,现在很多做内容营销的都在用。

三、内容分发策略:聚焦策略 vs 广撒网策略

做内容分发有两种策略,一种是聚焦在一个新媒体平台上,另外一种是广撒网。你应该如何选择呢?

一种是做深度,一种是做广度,两者对立统一,你可以把两者结合起来。选一个你最擅长、反馈效果最好的新媒体平台作为主战场,同时把内容分发到其他平台,以获取更多的流量。

第十三节 内容推广

绝大多数人在发布内容之后就不管了。事实上,推广内容比输出内容更重要,输出内容的目的是获取流量,推广内容可以让内容营销的效果最大化。

有哪些推广内容的方法呢?

其实,做内容分发,就是在做内容推广。以一个新媒体平台作为主战场,将同一篇内容分发到其他新媒体平台上,覆盖更多用户。把"分发"这个推广动作细化,可分为两种:一种是面向搜索引擎做推广,另一种是面向推荐引擎做推广。

一、面向搜索引擎做推广

(一)面向搜索引擎做推广,需要做好SEO

给自己的网站做SEO,很好理解。你的一篇内容发布到新媒体平台上,你也要给这篇内容的网页做SEO,一种是面向Google等搜索引擎的SEO,另一种是面向新媒体平台内部搜索框的SEO。

(二)内容的标题和正文中要带有用户经常搜索的关键词

如果内容的标题和正文中没有用户经常搜索的关键词,用户就搜不到你

的内容。

根据关键词的竞争热度，一般优先选择长尾关键词，避开热门关键词的竞争。当然，现在绝大部分企业都还没有意识到新媒体平台内部搜索框SEO的重要性，所以很多关键词的竞争不大。

（三）每张图片要加上标题和 Alt 标签

这么做的好处，一是提升用户的体验感，二是让图片被Google等搜索引擎收录，方便用户在Google等搜索引擎上搜索图片的时候，能搜索到你的图片。

（四）尽量给每篇内容做好内链和外链

在自己网站内部做内链或外链，是几乎所有做网站运营的人都会做的工作。但是很少有人给自己发布在新媒体平台上的一篇内容的网页做内链或外链。其实这样做的效果非常好，特别是做外链。

很多新媒体平台，比如Quora，在Google上的权重是非常高的。你发布在Quora上面的内容，在搜索引擎结果页面的排名也相当不错，如果这个时候再给这个内容页面做外链，哪怕只有一两个，这个内容页面很容易就得到更好的排名。如果内容的标题和正文中有长尾关键词，很容易排上首页。

（五）通过点击来提权

发布好一篇内容之后，你可以先把这个内容的网页推送给自己的订阅用户和粉丝，这样可以让这篇内容获得第一波启动流量。

有了启动流量，就会有数据表现，Google等搜索引擎就可以根据这个数据表现来判断这篇内容质量的好坏，再决定这篇内容页面的排名。

（六）主动提交给搜索引擎，让搜索引擎收录

一般情况下，搜索引擎会自动收录你发布的内容页面。尤其是一些高权重的平台、一些Google本身就很乐意收录其内容的平台，你没有必要主动将

内容页面提交给搜索引擎，坐等搜索引擎自己收录即可。

如果你想让搜索引擎在第一时间收录，那么主动提交更好。

二、面向推荐引擎做推广

现在几乎所有新媒体平台的核心算法都是推荐算法。推荐算法为用户个性化地推荐他感兴趣的内容。这样一来，每个用户看到的内容和界面都不一样。

如何面向推荐引擎推广自己的内容？你可以从以下9个方面做好布局。

（一）原生内容

尽量让分发到每个新媒体平台上的内容都做到个性化，就像这篇内容是在这个平台上原创首发一样。

（二）分类目录

所有新媒体平台都会有分类目录，你要把内容投到正确的分类目录下，平台才会有针对性地帮你把内容推送给对应的用户。如果投错了分类目录，就会影响平台的推荐力度。

（三）打对标签

发布内容的时候一定要打对标签，尽量选用热门标签，选用平台自带的标签，尽量不要使用自己独创的标签，因为平台热门标签有很多用户关注，而你独创的标签根本没有人关注。

只有打对标签，平台才会帮你把内容推送给精准的用户。

（四）进入小组或社区

很多新媒体平台，比如Facebook、Reddit、LinkedIn等，内部有很多小组或者社区，你需要进入你所处行业相关的小组或者社区，到里面去输出内容。

（五）启动流量

你在新媒体平台上输出内容之后，可以手工把它推送给你的粉丝或者订阅用户，获得启动流量，从而获得数据，带动平台的自然推荐流量。

如果你还没有粉丝和订阅用户，可以在平台上买一点广告，用于启动流量。尤其是当你发布了一个你特别看好的优质内容的时候，可以买一点广告，用于启动流量，因为这个内容很优质，有很大的概率会火，买一点广告助推，火起来的速度会更快、概率会更大。

（六）热点话题

你可以针对平台上面的热点话题去输出内容。只要将你的内容与热点话题相关联，就可以实现追热点的效果。

平台自身也缺流量，也在时时刻刻思考如何获取更多流量、更多用户，所以它们非常关注热点，会激励创作者去追热点，以便为平台吸引更多的流量。针对追热点的创作者，平台一般会加大推荐力度。

（七）图文并茂

输出内容的时候尽量做到图文并茂，不要只用文字。

如有可能，文字、图片、动图、信息图、视频、音频，能够提升用户体验的，都用上，因为图片和视频这样的多媒体能增加点击率和互动率。

（八）选对时刻发布

每个国家（地区）所在的时区不一样，存在时差，所以你需要考虑到发布内容的时刻。在目标用户大量在线的时候去发布内容，效果最好。

（九）多和用户互动，增强参与度

输出内容的时候，在内容末尾要激励用户留言、评论、点赞、关注，这样能增强用户的参与度。用户的每一条留言，你都要回复，要做到有问必答。

第十四节　外贸企业的内容营销思维

一、无信任，不成交

（一）信任是成交的基石

虽然在B2C领域，很多消费者会因为一时冲动，在没有任何信任基础的情况下，冒险去购买一些低价产品，但是，绝大多数交易的前提是信任。这也是为什么淘宝网要构建一个非常完善的信用体系；为什么阿里巴巴国际站会做金品诚企，让第三方机构提供验厂服务，担保交易；为什么整个社会的信用保障体系建立起来之后，人与人之间的交易成本会降低。

无信任，不成交。这句话虽然并不是放之四海而皆准，但是可以作为内容营销的一个行为准则。你必须想办法获得客户的信任。

（二）如何获得客户的信任？

首先，你需要弄明白，客户对你的信任分为两部分：对你的实力的信任和对你的品德的信任。

有没有实力，关系到能否稳定质量、持续供货，万一出现质量问题，能否召回。品德好不好，关系到会不会收到钱就跑路，会不会将客户放在第一位。

这里提供几种非常有效的建立客户信任感的方法。

1.大量的客户见证

大量的客户见证，可以让你的成交量激增！

根据BigCommerce的调研报告，客户见证可以让销量激增62%。但是，一个新企业，还没有那么多客户见证，怎么办？专注于描述一两个重点客户使用你的产品的过程即可。客户见证，我们在电视上见得多了，有那么多采访消费者、老顾客的广告。

这种方法确实非常有效。要足够真诚，不弄虚作假，不恶俗。

其实，B2C电商平台上各个店铺的评论区，就是大量的客户见证。既有好评，也有差评。如果好评很多，得分很高，就可以截图，用来做客户见证。

但是在B2B领域，你必须主动去采访客户，去客户现场采集一些营销素材用作客户见证。

2. 大平台背书

比如，你在阿里巴巴国际站这样的平台上开店，客户会更容易相信你，因为你至少经过了阿里巴巴国际站这一道验证，至少提交了各种资料，包括营业执照、办公场地证明、实地验证等。更何况，阿里巴巴国际站还有担保交易、第三方验厂等。

3. 第三方认证报告

展示各种认证报告、资质证明，可以帮助你解决信任问题。

4. 参展视频和照片

本书中提到的做干冰清洗机的工厂，参加过很多次展会，但是没有重视视频和照片这种营销素材的收集，导致要做内容营销的时候，竟然没有素材可以用。

事实上，参展的视频和照片可以帮你背书。毕竟能够参展，特别是展位布置非常大气的，都有一定的实力。

5. 视频看厂

比如阿里巴巴国际站的金品诚企，会让第三方机构来做一个验厂的视频，这个视频可以为工厂背书，解决信任问题。就算你的预算有限，没有入驻阿里巴巴国际站，也可以通过视频、直播的方式，让客户相信你。这样做的效果虽然比验厂视频的效果弱了一点儿，但是，如果将客户见证、第三方认证报告、参展视频和照片结合起来，还是能增强信任感的。

6. 大品牌、大客户背书

我有一个客户，做各种收纳盒。他有一次咨询我，客户老是还价，怎么办？

我说，既然你给那么多国际顶级大牌的化妆品代工过，为什么不告诉客户呢？他告诉客户之后，客户都不好意思还价了。

为什么？既然这些国际顶级大牌都用过其工厂的产品，说明质量有保障，和大牌同厂，还可以借用这个背书做营销素材。

所以，大品牌、大客户背书，不光可以解决信任问题，还可以解决客户还价的问题，甚至可以让你的产品卖出更高的价格。

7.销量记录

如果你的销量很大，那一定要展示出来，让客户看到。客户看到你的生意很好，自然会更有兴趣找你合作。

举个例子。我有个英国客户，是一个小众品牌，目前产品在亚马逊、eBay上都是爆款。如果他要招商，直接把销量记录、好评记录截图，展示给自己的客户看，转化率就会很高。如果国内公司要代理他的品牌，也可以用这些销量记录、好评记录作为营销素材。

8.在新媒体平台上保持活跃

你为什么特别信任身边的熟人？因为你经常见到他们。见的次数多了，变成了熟人，就有了信任感。

同样的道理，在某个新媒体平台上，如果你高频次地出现在用户面前，他们对你特别熟悉之后，也会非常信任你。

9.露脸

很多人不好意思在新媒体平台上露脸，哪怕拍视频，也尽量不露脸。事实上，露脸可以增强信任感。头像尽量用真实的照片，少用卡通头像和抽象符号，尽可能多地展示团队照片。这些都可以增强信任感。

如有可能，做一个对企业负责人的采访，可以第三方的身份来报道，给人一种客观的感觉，可以让负责人露脸，进一步增强客户的信任感。我就给一些工厂负责人做过类似的采访视频。

二、先提升转化率，后抓流量

对于外贸出口企业来说，做内容营销，应该先提升转化率，后抓流量。为什么呢？

如果你先抓流量，后提升转化率，耗费那么大的人力、物力、财力，弄过来的流量可能一个都留不住，绝大部分都转化不了。

比如，你在阿里巴巴国际站上的店铺都没有装修，信任的问题都没有解决，试问能有多少转化率呢？

先提升转化率后抓流量的目的是，尽可能让你辛辛苦苦弄过来的流量都留下来，这样才能最大化地挖掘出每个流量的价值，不至于浪费钱财。

可能有读者会有疑问，提升转化率有成本，比如需要各种认证报告等，而当前很容易获取流量，还不如先抓流量，后提升转化率。

如果遇到了新媒体平台风口，比如当前的短视频平台，随便发一个作品，很容易就获得几百万的播放量，那你当然得抓住风口，赶紧去抓流量。但是，一般情况下，你需要先提升转化率。

如下图所示，在其他4个因素已经确定的情况下，转化率从2%优化到4%其实不难，可以让你的收入立即翻倍。

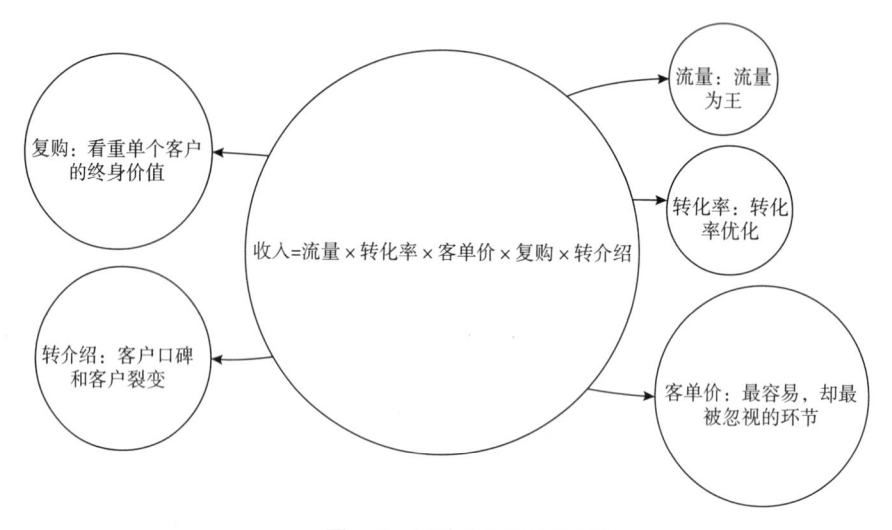

收入=流量×转化率×客单价×复购×转介绍

- 流量：流量为王
- 转化率：转化率优化
- 客单价：最容易，却最被忽视的环节
- 复购：看重单个客户的终身价值
- 转介绍：客户口碑和客户裂变

图2-1　影响收入的5个因素

那么如何提升转化率呢？读完下面一节你就明白了。

第十五节　理性付费推广

"货比三家不吃亏"，这是我们常说的一句话。

这里我给你介绍一个价值百万的B2B营销理论，即"货比三百家"。在解释这个理论之前，我先说两个小故事。

一、第一个故事

很久之前，我在外贸公司打工的时候，老板准备充广告费，让我来"烧"。当时我就建议，不需要充广告费，充和不充的效果一样。

后来证明我的建议是正确的。第一年没充，效果挺好。第二年充了，效果一样。

其实站在很多外贸业务员的角度，是希望老板多充一点广告费，让自己来练手的。反正不是自己的钱，练成之后武功是自己的。

后来，我自己创业，只有第一年稀里糊涂地充了，后来都没充，效果一样都是Top 10。

二、第二个故事

做B2B行业的何总说，他不想让排名太靠前，希望靠后一些。推广，竟然还怕效果太好，为什么？

排名太靠前，客户先找到你的概率更大。很多客户是新手，总会问东问西，你不理他肯定不行，不礼貌，那你就要教育客户，而教育的成本很大。就算教育好了，客户一定会找你下单吗？不一定。

客户找你咨询，可能是因为他不想找目标供应商咨询，怕麻烦他们，先找你咨询，把你当成免费的老师，咨询清楚了再去找目标供应商讨价还价。

再强调一遍，B2B行业的客户是完全理性的，不会因为你的销售人员请他吃了一顿饭，送了他一个小礼物，或者人品特别好，就选择你。

采购金额太高，客户会不会因为对销售人员的一点好感就选定一个供应商呢？不会。

你想想自己的买房经历就可以理解。有的销售或者中介，服务确实非常好，你也很希望在他手上买，但是交易金额实在是太高。买房这件事太重要，需要慎重，你只想买性价比最高的。绝大部分销售或者中介，对你而言都相当于免费的顾问。

买房是B2C的生意，但是交易金额够高，可以类比为B2B。

既然这样，那么类似教育客户这种事情，还是留给竞争对手去做好了。

不用担心客户跑掉，因为B2B采购是纯理性决策，"货比三百家"，只要你的营销推广做得还不错。不要人家想"货比三百家"的时候，你还不在那"三百家"里面，那你的营销推广做得也太差了些。

三、"货比三百家"理论

说到这里，"货比三百家"是什么意思，就已经很清楚了。

在采购高价格的工业品的时候，客户是完全理性的，他们会货比十几家、几十家，甚至几百家。

阿里巴巴国际站后台有数据，可以看到找你询盘的客户还找过多少个其他的供应商，一般是20~30个。不同行业的数字不一样。据我所知，真的有同时找三百家比价的。

B2B行业的采购绝不像消费者逛街，看到一个促销广告，懒得比价，一冲动就买了。B2B的订单金额一般比较高，企业在采购的时候，要么是老板自己负责，要么是采购经理负责。老板肯定会货比多家，选一个最满意的。采购经理需要向老板交代，体现自身的价值，也需要货比多家。

这就是很多情况下，你没有必要去做竞价广告的原因。你做了竞价广告，排名很靠前，客户点击你的广告之后，依然会"货比三百家"，点那些排名靠后的。

你在找客户，他也在找你，前提条件是你确实有竞争优势。每个客户都在找具有竞争优势的好产品、好供应商。

以前我遇到一些没有意向的客户或是新手客户，都会劝他们："你先去我的同行那边问一问，看看市场行情，我这边的话，没别的，认证报告齐全，质量一流，而且价格至少便宜10%。"

我把这种客户往外推，不是一次两次了。如果他真的有采购意向，去竞争对手那边转一圈，还是会回来。为什么？因为我的产品质量确实有优势，而且价格实惠。

所以，根据"货比三百家"理论，假设一家中小企业，有一款极具竞争优势的好产品（B2B领域），情况会怎样？情况就是无数的竞争对手都在帮这家企业做广告，帮它教育客户，因为客户会"货比三百家"，它只需要让客户不难找到它就可以了。

第三章
内容营销策略

第一节 站内 SEO

站内 SEO 主要是针对网站内部做各种优化。

站内 SEO 的工作包括：

- 选对域名，最好域名当中包含核心关键词；
- 优化网址，做静态化处理；
- 选用好的网站空间和网站程序，保证国外用户的访问速度和访问体验；
- 对站内的内容做好规划，设置合理的栏目；
- 挖掘核心关键词，布局长尾关键词；
- 使用"话题终结者"策略，输出超高价值的内容；
- 做超级页面，重点优化，集中权重于这种页面；
- 删掉低质量内容页面，包括过时的页面、重复内容页、栏目页、tag页、零销量的商品信息页面、存档页等，避免这些低质量内容页面稀释整个网站的权重；
- 用 robots.txt 屏蔽一些非内容页面，比如联系我们、关于我们、站内搜索结果页等，不让 Google 来抓取；
- 做好页面与页面之间的内链；
- 对某个准备优化的核心关键词，可以围绕它做一个专题，让专题内所有页面给这个专题聚合页做内链，提升它的权重；

- 输出实用性强的内容，比如指南、列表清单等，这样的内容，用户更愿意转发；
- 输出长内容。研究发现，长内容的转发量与外链数量比短内容多77%；
- 给自己独创的好方法起个非常特别、容易记住的名字，这样会有更多站长引用，引用就相当于主动帮你做外链；
- 输出内容的时候，尽量调动用户的积极情绪，这样可以激发用户帮你做外链和转发；
- 输出内容的时候，构建用户的社交货币，这样用户会有更强的动机主动帮你做外链和转发；
- 用讲故事的方式输出内容，更容易让用户主动帮你转发、做外链；
- 优化网页界面；
- 优化主题模板，提升用户体验。

第二节　站外SEO

站外SEO是指你在网站外部去做一些提升网站排名的工作，比如做外链和增加"品牌提及"。

一、外链

站外SEO的所有工作中，外链尤为重要。外链也是Google刚创立时核心算法中最重要的因素之一。

为什么外链如此重要？

试想一下，如果有很多高质量的网站给你的网站做外链，这说明它们都肯为你背书，说明你的网站非常优秀，那Google就有理由提升你整个网站的领域权重，把你的网站排在前面。如果有很多高质量的网页给你的某一个内容页面做外链，说明这个页面上的内容非常优质，那Google就有理由提升这个页面的权重，把这个页面尽量排在前面。

那么，做外链存在哪些问题？应该避开哪些陷阱？

- 互换友情链接在 Google 看来属于作弊行为；
- 通过提供一个工具，比如 Wordpress 的主题模板，在里面嵌入你的网站链接，然后免费提供给大量用户使用。用这种方式做外链，在 Google 看来也属于作弊行为；
- 购买外链；
- 普通用户给你做外链，这是不可能的。绝大部分用户都没有网站，就算他们觉得你的内容特别好，也没有办法给你做外链。

做外链的方法有哪些呢？

- 针对行业内的网站负责人，输出特别有深度的契合他们品位的内容，依靠这样的高质量内容打动他们，让他们主动帮你做外链。只有他们有网站，能给你做外链；
- 做文献综述式的网页。将一些行业专业人士的观点集合为一个页面，然后将这个页面的网址发给他们，让他们帮忙做外链或转发。你先帮他们做了第三方报道，等于给了他们背书，对他们而言有极大的好处，基于互惠的想法，他们多半会帮你做外链或转发。
- 向行业内的网站投稿，或者给人家的博客写客座专栏，顺便给自己的网站做外链；
- 做一个播客，用播客页面给自己的网站做外链。

二、品牌提及

品牌提及与外链本质上是一回事，都是被别人提及或引用，只不过外链是通过超链接实现。绝大部分人还不知道品牌提及对 SEO 的重要性，所以你可以大胆去做。

你在自己所有的新媒体平台上，都可以在内容当中植入你的品牌名、产品名，等等。一方面，植入这些词后，感兴趣的用户会主动在搜索引擎上搜索；另一方面，你的内容被搜索引擎收录之后，它会分析这些内容，然后会发现你的品牌名、产品名在很多内容里面被提及，就会认为这是一个知名品牌或产品。之后，但凡用户搜索和你的品牌名或者产品名相关的词，你的网站都会排在搜索结果前面。

搜索引擎的算法必须这么做，尽快帮用户精准地找到信息，才算是优秀的搜索引擎。

如果你让很多人利用搜索引擎主动搜索你的品牌名或产品名，每天都有一定的搜索量，搜索引擎的算法也会认为这是一个知名品牌或产品，甚至给这个词建立指数。你经常会用到的搜索引擎指数工具，就是这么来的。

有了大量的品牌提及，你会发现效果和做外链一样，你的排名也会上来。

第三节　大 SEO

一、什么是大 SEO？

简单来说，大 SEO 就是通过在高权重的内容平台上输出内容，去提高在搜索引擎上的排名，而不只局限于在自己的网站上做内容输出。这些高权重的平台包括各种新媒体平台，还包括一些电商平台。

二、大 SEO 与传统 SEO 的区别

大 SEO 与传统 SEO 不同的地方在于：

其一，传统 SEO 要先建一个网站，然后在网站里面输出高质量的原创内容，做好站内 SEO 和站外 SEO。大 SEO 则不同，它不需要建网站。你只需要借助高权重的平台去做内容营销，就可以了。很多时候，不建网站比建网站的效果可能还要好得多。

其二，传统 SEO 是需要投资的，大 SEO 几乎完全免费。传统 SEO 需要建网站，有建站成本、域名成本、服务器成本，其中域名成本、服务器成本每年都有。而如果做大 SEO，可以直接利用高权重的平台，完全免费。

其三，传统 SEO 的维护运营很麻烦，大 SEO 的维护运营很简单。传统 SEO，要去维护、运营好自己的网站，给网站做外链，提升整个网站的权重；还要担心网站速度够不够快、网站变大之后数据库空间够不够用、网站会不

会被黑等问题。任何一个环节出问题，都有可能导致整个网站降权、排名掉下去，进而流量下降。而如果做大SEO，直接利用高权重的平台，网速极快，人家是大平台，权重特别高，不做外链也没事，利用长尾关键词很容易获得靠前的排名。

当然，针对一些排名比较难优化的核心关键词，也可以做外链。专门为你的某个内容页面做外链，效果立竿见影。尽管这个内容页面是某个新媒体平台的，做外链似乎是在为他人作嫁衣，但内容毕竟是你自己的，有了好的排名，流量也是你自己的。这种平台的权重一般都特别高，稍微做几个外链，就会产生非常好的效果，而且投资也很小。

其四，大SEO比传统SEO的可持续性强。我留意到，很多小网站，运营一两年就关闭了。为什么？或许是做得太累，付出与回报不成正比，没有信心做下去；或许是用了一些恶俗的手段，导致网站被"K"（意为"封杀"），干脆就闭站了。而做大SEO，那些大的新媒体平台实力很强，10年、20年之后，它们或许还在，这就意味着你发布在这些平台上的内容还在，还会持续给你带来流量、带来询盘。你的内容可以同时发布到多个这样的大平台上。就算某一个平台突然关闭，或者出于别的原因把你的内容下架（这种情况出现的概率很小，除非你的做法特别恶俗），依然还有余下的平台，上面保留着你的内容，还会源源不断地给你带来流量、带来询盘。

你发布出去的一篇内容，等于是你派出的一个员工，这个员工不拿你的工资，不需要你给他交保险，不对你发脾气，不抱怨，7×24小时免费为你打工。这样的员工你喜不喜欢呢？试想一下，如果你同时有1000个这样的员工呢？

这是内容营销最大的好处。一旦你的一篇内容在搜索引擎上的排名特别靠前，就可以长年累月地免费从搜索引擎那里获得大量流量。

其五，大SEO比传统SEO的格局要大很多。但凡有搜索框的地方，都可以用到大SEO，比如YouTube、Facebook、TikTok上的内部搜索框，等等。其实，在很多以推荐算法为主的新媒体平台上，有大约1/4的流量来自内部搜索框。

三、大SEO的关键

大SEO的关键是什么？是覆盖关键词，抢占搜索入口。

你输出的内容里覆盖的客户经常搜索的关键词越多，你的内容就越容易被客户看到、点击，就会有更多询盘的机会。你出了一篇内容，平台大力推荐，产生了大量的曝光和点击，这些未必有用，因为就算客户看到了，离成交还是有非常大的距离的。B端客户的决策流程很长，而且他们往往会同时找二三十家供应商联合评估，进行比价。所以说，出内容的目的不是想让客户看到内容之后立刻成交。直接目的是：

- 向客户传达你的优势；
- 建立信任感；
- 让客户多次看到你的内容，塑造行业知名度；
- 客户比价时，把你纳入他们的比价系统。换言之，你一定要在他们的备选供应商名单里面。

最后一点尤为重要。你有了投标的机会，才会有中标的可能。如何进入备选供应商名单呢？抢占搜索入口。每个搜索框都是一个搜索引擎，不容忽视。

这种搜索引擎也有很大的流量。最关键的是，这种流量的意向更强，他们的目的或许就是找到多家供应商做联合评估。你只需要提前出内容，布局好关键词，排在搜索结果前面就好了。这样一来，他们在搜索的时候就能很快找到你，你就有很大的概率进入他们的备选供应商名单。

四、大SEO不足的地方

当然，大SEO也有不足的地方。

（一）虽然用大SEO开发大客户的效果非常好，但是，用大SEO做2C（对消费者）产品，流量不太够

2C产品需要极大的流量才能出爆款。所以，你还需要用其他方法，比如做内容，来获得平台的推荐。

但是，用大SEO做2B（对企业）产品，挺好，因为2B产品面向的人群很窄，你不用考虑要获得海量流量，只需要保证流量精准。而且，2B产品多是大单。更棒的是，B端客户往往会成为回头客。所以说，B端的流量虽然不大，但是流量价值特别大。

（二）大SEO用人家的平台，没有100%的主动权

你对自己的网站平台拥有100%的主动权。你想在哪个地方加广告，就在哪个地方加广告，想写什么内容就写什么内容。这是传统SEO的好处。

如果你用大SEO，去别人的平台上发内容，就需要遵守别人制定的规则。有的平台规则特别严格，比如不允许你加上自己的联系方式，你会觉得很受拘束。还好，国外的新媒体平台条件一般放得比较开，大多允许你把自己的联系方式加到内容里面。

综上所述，大SEO特别适合要开发B端客户的中小企业，可以让客户主动找上门。你获取到客户的联系方式，通过后续不断地跟进，就有很大的概率成交。对中小企业而言，说大SEO价值百万并不为过。

第四节　输出永生内容

一、什么是永生内容？

永生内容，是指那些不会过时的内容，或者说在未来很长一段时间内不会过时的内容。与永生内容相对应的是即时资讯。

二、典型的永生内容有哪些？

永生内容有很多类型。

最典型的就是类似《人性的弱点》（*How to Win Friends and Influence People*）这样的经典书籍。这本书出版很多年了，但是里面的一些经验到现

在都没有过时，因为无论科技如何发展、时代如何变迁，人性不变。

比如，情感方面的内容。罗密欧与朱丽叶、梁山伯与祝英台这样的爱情故事永不过时，因为情感是人类永恒的主题。

再比如，数学、物理学、化学等学科的基础理论知识，在未来很长一段时间内，都不会过时。

三、输出永生内容的好处

我个人非常重视永生内容的输出，很少去追热点。

所以，2020—2022年这两年多的时间里，我在知乎上面几乎就没有输出过内容，但是我的粉丝数一直在增长，每天的阅读量也有1000多，有时候有2000多。这都是永生内容的功劳。

永生内容很长时间内都不会过时，好处有很多：

其一，正因为很长时间内不会过时，就可以发挥长期效果。一些新的读者，可以回头去看旧文，你也可以把旧文集结成册出版。或者，将来你也可以改编以前的内容，重新发布。

其二，通过永生内容做内容营销，有"一劳永逸"的效果。

这样的内容，你可以把它分发到各个新媒体平台去做内容营销，会吸引很多读者。如果暂时吸引不了很多读者，也可以换一个标题，再发一遍。甚至你可以在一年后，同样的内容换一个标题，再发一遍。或者3年、5年后，你把内容改编一下，换一个标题再发一遍。

在国内某些新媒体平台上，我试过同一篇内容每次换一个标题发，竟然每次都可以获得一波新的流量。

其三，你可以用"内容终结者"策略来做永生内容。这么做有利于SEO。毕竟搜索引擎的算法是将优质内容排在前面，你的内容更优质，自然有理由排到前面去。如果你的内容优质，但是没有被搜索引擎排到前面，那是搜索引擎的错。当然，你也要保证有一定的启动流量，以便提交参与度数据给搜索引擎，让搜索引擎发现你的这篇内容比较优质。

四、典型的即时资讯有哪些？

最典型的就是新闻。

试着回想一下，你会发现，很少有人回看前一天的新闻，更别说一周前的了。

除了新闻、新闻评论，针对当前特别热门的电影、音乐的各种资讯，都是即时资讯，因为过不了多少天，这些内容就没有人感兴趣了。

现在，科技的发展速度很快，很多知识还没有来得及被写入教科书，就已经过时了。

五、如何平衡永生内容与即时资讯的关系？

做内容营销，如果你想追求长期效果，那就尽量输出永生内容。如果你想追求短期效果，就可以输出即时资讯，追热点。

永生内容与即时资讯两者并不矛盾，可以把两者结合起来，一起使用。输出永生内容，作为内容基石，打好基础。把追热点当作临时性的战术，去蹭流量，追求短时间内的爆发。

我自己主要是做永生内容，很少去追热点，因为我的读者很多属于B端群体，要么是外贸人，要么是创业者。

输出永生内容，很多读者会翻阅我的旧文。

做B2B内容营销，一定要以永生内容为主，适当地做一下即时资讯。只有这样，输出的每篇内容带来的流量才会有长尾效果，才会有复利效应。只有这样，每篇内容才会发挥出最大的价值。

第五节　输出原生内容

什么是原生内容？指的是符合平台调性的内容。

比如，你写了一篇文章，想把它发布到Quora上。你需要先看一下这篇文章解决了什么问题，适合回答什么问题，然后再在Quora上寻找对应的问题，把这篇文章改编成一个问题的答案。

当然，一篇文章也可以被改编成多个问题的答案。

如果你想把这些文章发布到 Pinterest 上，就有必要把这篇文章做成一个信息图，因为 Pinterest 这个平台的特性就是存在大量的信息图。如果这篇文章本身就包含信息图，那更好，你直接把信息图发布到 Pinterest 上面去，效果会非常好。

如果你想把这篇文章发布到 Reddit 上，就需要把这篇文章改写为一个帖子，做成要和网友讨论的样子，这样的效果更好。

总之，你的内容要匹配平台的风格、调性，就像原生于这个平台一样。

第六节　图文并茂原则

输出内容的时候有一个最基本的原则，就是图文并茂。不要单纯地用文字或者图片，抑或只用视频。要多种形式组合起来运用，做到图文并茂。只有这样，你的内容才会带给用户最佳体验，搜索引擎和推荐引擎才会特别喜欢你。

其实这里面的逻辑，非常好理解。你用纯文字描述，很多用户并没有耐心去阅读，不是所有用户的阅读能力都很好。如果你在文字里面插入图片，用户读起来就会非常轻松，很多时候一图胜千言。你还可以更进一步，在文章里面插入视频，因为有些用户就喜欢看视频，而且有些内容，用视频演示比用图片和文字描述的效果好得多。插入视频，一方面，可以进一步提升用户体验，增加用户的停留时长；另一方面，也可以给这个视频带去流量。

我发在 Quora 上的两个回答，阅读量不错，一个 2700 多，一个 6400 多，而且还在持续地快速增长，这就是因为我在回答的时候遵循了图文并茂的原则。

当别人的回答都是一段段文字的时候，你贴上几张精心制作的图片，甚至是信息图，就会显得与众不同。先别说内容是不是最优质的，光凭这一份用心，也更值得读者点赞。

第七节 "话题终结者"

这里我和你分享一个做口碑营销的策略，叫作"话题终结者"。

试想一下，一个话题，如果你把它做成内容，而且做成终结版本，比网上出现过的任何版本的质量都要高。这个内容，无论是搜索引擎还是推荐引擎，都有理由给你更大的曝光，因为它们都希望把优秀的内容推送给更多用户，带给用户更好的体验。这样你的内容就可以获得很大的流量。

这正是新媒体时代内容营销的核心逻辑。新媒体时代，内容为王。

拥有源源不断的高质量的原创内容，就拥有了源源不断的精准流量。

除此之外，因为你的这个内容最优质，所以很多用户愿意帮你转发，帮你做口碑传播，这样可以让你获得更多的流量、更好的口碑。

这是口碑营销的绝招，对做内容营销的企业来说，尤为如此。其实，也只有高质量的内容，才能把流量沉淀下来，变为你的粉丝。

那么，究竟什么是"话题终结者"呢？

简单来说，就是某个话题内容的终结版本。

百度百科就运用了这个思路。很多名人、历史、地理、理论都是永生内容，于是百度官方推出了百度百科，把这些内容做成了"话题终结者"，用户看了百度百科上的内容，就用不着看同一个主题的其他内容了。

再举一个例子。

我写的关于如何将你的工作效率提升11倍、如何将你的学习效率提升11倍的两篇文章，全部都是干货，而且非常全面，几乎囊括了所有的好方法。文章篇幅不大，但知识密度很大，分别是提升工作效率、提升学习效率的"话题终结者"。

"话题终结者"策略，是就某个话题的内容，做到超高质量，有图片插入图片，有表格插入表格，有音频插入音频，有视频插入视频，能有多详尽就做到多详尽，既做深度，又做广度，还没有废话。

你的内容带给用户的体验特别好，用户看了你写的这篇文章，就用不着再看互联网上关于这个话题的其他文章了，因为你的这个话题内容，比竞争对手的要好得多。

试想一下，你做内容的时候，把用户特别感兴趣的一个话题做成终结版本，情况会怎么样？

1. 这个话题相关的内容，你的是全网第一，各大搜索引擎有充足的理由把你的这个内容排在前面，让更多的用户搜索到；

2. 这个话题相关的内容，你的是全网第一，各个新媒体平台（推荐引擎）有充足的理由给你的内容很大的曝光，推荐给更多的用户，让他们看到；

3. 用户体验非常好，用户只需要看你的内容就可以解决自己的问题，不需要再去看其他内容；

4. 用户对这个话题非常感兴趣的话，会把你的这个终结版本的内容加入收藏夹，或记笔记、点评、转发、传播等，给你带来很好的口碑；

5. 用户沉浸感很强，所以你的营销效果特别好；

6. 营销效果长期、可持续，只要你的内容还在，就会持续产生营销效果；

7. 几乎免费，你需要投入的只是时间和精力，去生产最高质量的内容。

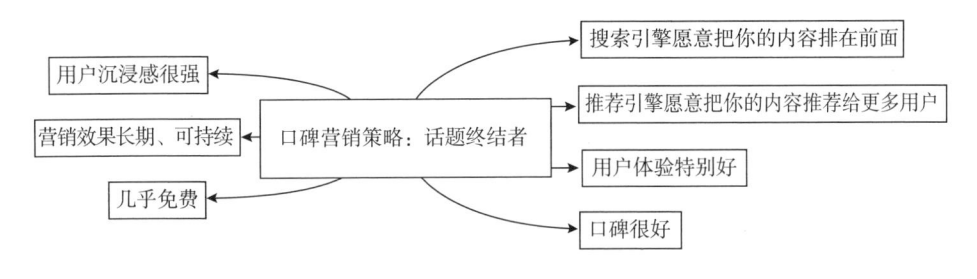

图3-1：口碑营销策略：话题终结者

再试想一下，如果你把你的每个内容都做成终结版本，情况又会怎样？你的这个内容会非常长，单个内容的生产成本会特别高。

具体来说，如果你做的是图文形式的"话题终结者"，那么单篇内容的长度最少是2000字，很可能会超过1万字。这样一来，你就不可能生产很多内容。

国外有不少 SEO 专家，他们输出的内容数量有限，或许就只有几十篇，但是他们每个月从 Google 获取的精准流量有几十万。布莱恩·迪恩（Brian Dean）的博客 Backlinko 就是如此。

换句话说，很多时候，质量远比数量重要。

这里再补充一点：如果你不做新媒体，只想做内容营销，"话题终结者"策略对你会更有意义，生产一篇代表作就可以了。

很多人成名就是靠一篇文章或一个视频。比如，谈到降维打击，可能就会想到罗浩写的降级论。

简单来说，如果你的内容足够优质，单个作品足以让你成名。

总之，做口碑营销，"话题终结者"是一个效果特别好的策略。

第八节　改写与更新旧文

这里，我要分享一个绝大部分人都不知道的运营外贸独立站的方法，那就是改写与更新。

99% 的站长写好一篇文章，发布到网站上之后，就不会管它了。这是不对的。

如果后面有了新的观点、新的内容，可以补充进去的话，就应该"补料"，就应该改写这篇文章，每次改写都是一次更新。

一、改写与更新，大大有利于 SEO

Google 非常喜欢不断更新的网页，因为搜索引擎都喜欢最新内容，而不是过时的内容。

最典型的是 "2021 年如何做内容营销？" 这样的标题，现在都 2023 年了，就有必要将 2021 年改为 2023 年，将标题变为 "2023 年如何做内容营销？" 做到与时俱进。

同样一篇内容，如果一篇时间是 2021 年，一篇是 2023 年，在其他因素都相同的情况下，肯定是后者的排名更好。

改写的主要目的，当然不是改变内容的更新时间，而是让这个内容变得更好。同样一个主题，竞争对手也写了，写得比你好，在其他因素一样的情况下，你的排名肯定比不过他。

但是，如果你能持续地更新，不断加入更多高价值的内容，你的这篇内容的质量就可以战胜竞争对手。这样一来，Google就有理由将你排到前面去，因为Google核心算法的价值观是，将高质量的内容排在前面。

很多深谙此道的站长，会刻意挖掘竞争对手的高流量网页，看看他们做的是什么主题、是哪个关键词，然后自己出一个同样主题的内容，只要保证质量比竞争对手的高，就可以在排名上战胜竞争对手。

由此可见，改写与更新可以被看成是输出话题终结版本的一种方法。你输出话题终结版本，不用做到完美后才发布出来。你可以先做到90分，足够优秀，就发布出来，然后通过后续不断地改写与更新，将它变得越来越优质。

当然，这么做最好有启动流量，因为搜索引擎判断内容质量的高低，需要依据网友访问数据，也就是根据参与度来判断。

二、改写与更新，大大有利于获得新媒体平台的推荐流量

在新媒体上输出一篇内容，平台会给你推荐流量。推荐流量的多少取决于你的内容质量的高低。推荐一段时间之后，平台发现你的内容的参与度在下滑，就不会再推荐了。

这个时候，如果你改写或更新这个内容，会出现神奇的一幕：平台又重新给你推荐了。

比如，我在知乎上有篇文章，阅读量2000多，后来，我改写了一下，平台重新推荐，阅读量一下子变成了29000多。

这种方法立竿见影。这也是为什么在知乎上回答问题的人，经常先回答一部分，隔阵子再去更新一下，因为每次更新，平台都会给一波推荐。

总而言之，改写与更新是非常有效的内容营销策略。

在阿里巴巴国际站平台上，虽然现在对新发产品有扶持，但是依然保留

了产品的"刷新"与"修改"按钮。一次刷新或修改，等于是一次更新。作用可能微乎其微，毕竟阿里巴巴的搜索算法当中某些因素的权重很大，但是既然它保留了这两个按钮，多少还是有一点作用的。

这里主要是强调这个方法对搜索引擎与新媒体平台的作用。

第九节　输出内容的检查清单

创作好内容之后，你需要对内容进行检查。

为了提升检查的效率，这里我提供一个检查清单。你可以对照这个清单逐一检查，以便快速修正。

检查清单项目如下：

- 标题当中出现用户经常搜索的关键词；
- 选对分类目录；
- 选对标签；
- 标题当中加入数字，提升点击率；
- 标题当中加入圆括号或中括号，根据Hubspot的研究数据，这样做可以提升38%的点击率；
- 英文字号，建议在15px以上；
- 使用短句，尽量不要用长句；
- 使用导语，但是不要过长，控制在8行以内；
- 正文部分多使用子标题，每隔几小段就用一个子标题，因为用户喜欢子标题，方便快速浏览；
- 勤于分段，最多3行就需要分段，多分段可以让用户读起来更轻松，而且有成就感；
- 多使用图片，根据克莱蒙特研究生大学的研究数据，使用图片可以让你的内容的可信度增大75%；
- 多使用过渡句，过渡句用来承上启下，怕用户读不下去，所以必须时不时地使用过渡句来告知用户下面还有更精彩的内容，让他保持兴趣，继续读下去；

- 表达尽量口语化，就像说话一样；
- 要个性化表达，有自己的态度，不要中规中矩，中规中矩不能引起用户的兴趣；
- 多引用数据、研究报告，把参考文献列出来；
- 多和用户在评论区互动，对他们的评论进行评论，尽量做到有问必答，提升用户的参与感；
- 在内容的结尾处，加上非常明确的行动指令（Call to Action，CTA）。

第十节　输出多语言版本的内容

把你的内容翻译为其他语言，在其他语言的新媒体平台上做内容输出。

多一门语言，多开拓一个市场。

最典型的是阿里巴巴国际站。如果你用WordPress搭建了独立站，可以很轻松地用一些插件搭建多语言的子站。更好的做法是，人工翻译成其他语种，这样更符合用语习惯，比如，针对每个小语种单独做一个子站。

第十一节　UGC

UGC（User Generated Content，用户生成内容）是最常见的一种生产内容的方式，最初主要被应用于一些网站平台，慢慢地，越来越多的新媒体平台也开始采用。

UGC可以让成千上万的用户自动自发地为你出内容，你自己不用生产内容，只需要在用户投稿的大量内容当中，甄选出优质内容，发布到你的新媒体平台上。

如何让用户自动自发地为你贡献内容，甚至心甘情愿地授权你免费使用他的内容呢？先看看国内外的互联网公司一般是怎么做的。

国内的博客平台、社区论坛、微博、朋友圈、公众号、知乎、豆瓣、今日头条、抖音、快手，国外的YouTube、Twitter、Facebook、Instagram、Medium等平台，激励用户在它们平台上输出内容的主要方式是给予流量扶持。如果你在它们平台发展早期入驻、输出内容，它们就会用流量来扶持你。如果你出名了，或者是其他平台上的网红、大V，它们更是会重点扶持你。

中小企业一般没有什么流量，往往是用物质奖励的方式来激励用户投稿。

你可以发起各种各样的活动，比如：

- 主题征稿，录用的优质稿件，按每千字500元的标准给付稿酬；
- 有奖征稿，投稿者有机会中得手机一部，其他奖品有陶瓷刀、豆浆机等；
- 有奖征稿，但凡参与，100%中奖（最低奖是600元代金券，每次最多抵扣购物总金额的30%），但是你保留所有投稿稿件的使用权和改编权；
- 坚持写减肥日记、美妆日记，坚持30天，可以获赠礼盒一套，坚持60天，可以获赠VIP资格；
- 主题征稿，把优质内容发布到你的新媒体平台上，帮投稿人推广他的个人品牌；
- 投稿的稿件将发布到你的平台上，一周内点赞量最高的稿件作者可以获赠最新款手机一部。

以上都是奖励实物。

虽然比起虚拟物品，用户更喜欢实物，但是实物是有成本的，其实还有更加高明的做法。

比如，举办高价值的免费公开课，每次课后学员需要先完成作业，才可以解锁下一节课。既然有作业，就会出内容，那么多学员，一下子就会有成百上千篇内容。

当然，你得事先在报名须知里写清楚，参与就表示同意。你可以用匿名的方式免费发布他们的作业。

要知道，不是所有的征稿都需要用物质来奖励。

用户本身就有倾诉和表达的需求，比如情感主题的新媒体，就算你没有任何奖励，很多用户也特别乐意将他们的情感故事分享给你，因为在生活中，他们无处倾诉。正因为如此，一些情感大V的邮箱里征来的稿件几年都发不完。

以上是激励UGC的主要方法，都是一些实实在在的利益交换。这些方法特别有效，但是还可以更进一步，比如给予用户荣耀。

游戏公司深谙此道，它们有完美的升级、奖励机制，会给付费玩家足够的荣耀。如果你能够给予用户足够的荣耀，他们就会心甘情愿地免费为你贡献内容。

给予物质奖励，存在一个陷阱：一旦你承诺给予用户物质奖励，那么用户潜意识当中的市场规范意识自动会被激活，自然就会考虑你给的物质奖励相对于他投入的时间和精力来说是否划算。如果划算，他就参与；如果不划算，他就不参与，甚至还会觉得你小气。

但是，如果你给的不是物质，而是荣耀，不但没有成本，还可以自动激活用户潜意识当中的社会规范，他们会基于人情世故，或是那份荣耀来参与，哪怕明知一毛钱的回报也没有。

简单来说就是，你和用户谈人情，他们会乐意参与；你和用户谈利益交换，他们会讨价还价。就好比你要请一个明星帮你转发一条微博内容，他们可能报价5万元，如果是以公益的形式，他们可能很乐意免费转发。

总而言之，在做UGC的时候，不能仅仅考虑利益的交换，而是要多讲人情，多借鉴游戏里面的激励机制，尤其是荣耀激励机制，让用户心甘情愿地帮你生产内容。

另外，你需要重视KOC（Key Opinion Consumer，关键意见消费者），因为在UGC这块，也遵循帕累托法则，绝大部分的高质量内容是由少数KOC贡献的。

第四章
内容输出技巧

第一节　设置新媒体账号

头像和名字在各个新媒体平台最好做到统一，这样的话，只要你持续在特定人群中高频次地露出，就可以快速建立品牌知名度。

无论是个人号还是公司号，都可以让你的名字就是核心关键词，让你的签名就是广告。签名处可以加上一个行动指令，用超级赠品激励用户关注你，或把他引导到私域流量池。

把banner（横幅广告）作为自己的店招，设计得吸引人一些。

个性化地设置自己的feed（一种在互联网上传输数据的技术）。这点非常关键，因为现在几乎所有新媒体平台都在个性化地给用户推荐内容。尽量多关注客户，多加入客户所在的社区、小组，这样平台就会知道你真正感兴趣的内容是什么、属于哪类人，然后向你做个性化的推荐。

第二节　挖掘关键词

一、用 Google 挖掘关键词

只要你在Google的搜索框里输入一个关键词，立刻会出现下拉框，自动会给你推荐一些最近比较火的相关关键词。

在搜索结果下方，Google 会展示与你刚才输入的关键词相关的热门搜索词。

此外，你要重点用"Google Keyword Planner"来挖掘关键词。

打开 Google Keyword Planner 的官方网址，点击"Go to Keyword Planner"进入，点击"发现新关键词"。然后，输入你的核心关键词，进行挖掘。你一次可以输入3个核心关键词。

需要设置一下地区和语言，设置成"全球""英语"之后，就会出来很多相关的关键词。

下载关键词列表，点击"下载关键词提示"，选择以".csv"或"Google 表格"的方式下载。

".csv"格式的文件，保存到电脑之后，可以用 Excel 表格打开。"Google 表格"格式的文件，默认保存到 Google 云盘，可以在云端在线打开。

再强调一下，一定要改一下地区和语言。

二、用 SEMrush 或 Ubersuggest 工具来挖掘关键词

这里以 Ubersuggest 为例，来演示一下。

打开 Ubersuggest，在它的搜索框里输入一个核心关键词，就可以开始挖掘相关关键词了；也可以输入一个优秀同行的网址，挖掘他曾经布局过的关键词。比如，输入"carbon deposit"，点击搜索，平台就会帮你挖掘关键词。

同样需要注意地区和语言，可以改为"全球"和"英语"，这样挖掘出来的关键词更多，数据也是全球的，更符合外贸出口企业的需求。

挖掘出来的关键词列表在页面下方，点击"VIEW ALL KEYWORD IDEAS"，可以查看所有的关键词。

点击页面上的按钮"EXPORT to .csv"，将关键词列表导出。

需要提醒一下的是，关键词有几种类型：SUGGESTIONS（建议类）、RELATED（相关类）、QUESTIONS（问题类）、PREPOSITIONS（介词类）、COMPARISONS（对比类）。

为何分类？好处是什么？方便你出内容。

另外，Ubersuggest还有一个Chrome的扩展程序。

登录Ubersuggest之后，来到的第一个界面，会显示"Chrome Extension"，安装一下，就可以使用了。

如何使用？比如，你用Google搜索关键词的时候，页面右边会帮你挖掘出一系列相关的关键词，还带有搜索量、竞价点击单价等信息。

在搜索结果页中，每个页面下方都会有一个该网站的数据提示。

另外，在搜索结果页最下方，这个工具也会为你显示各个关键词的搜索量、竞价点击单价、SEO难度等信息。

三、用电商平台挖掘关键词

如果你是做跨境电商B2C的话，可以用亚马逊或者eBay这样的电商平台内部的工具去挖掘关键词。如果你是做外贸B2B的话，可以利用阿里巴巴国际站这样的平台内部的关键词挖掘工具。

这里以阿里巴巴国际站为例。关键词挖掘工具的位置在：数据参谋—选词参谋—关键词指数。

你可以把所有的关键词导出为Excel表格，之后对关键词做分类。

如果你的营销资源非常有限，没有广告费可以投入，那么你应该重点关注一些蓝海关键词。如何挖掘蓝海关键词呢？

可以在关键词指数这里进行挖掘。先按搜索指数降序排序，然后选择卖家规模指数很小，也就是竞争度小的。

卖家规模指数特别小的，你发个产品，就可以上首页，只是不能发人家的品牌词，但是，依然有很多词不是品牌词。

竞争度非常小的词，你发一个产品，就可以上首页。不要看搜索量不大，积少成多，效果还是非常不错的。

当然，不是说一定要选择这些几乎没什么竞争度的词，前提是竞争度小，"关键词供需比"（关键词供需比 = 卖家规模/搜索指数）够小。

竞争很大，就算关键词供需比够小，对于没有什么营销投入的企业来说也不行，因为蛋糕虽大，所有流量都会被头部的竞争对手瓜分。

如果你有广告预算，或者之前已经积累了一些线下客户，可以线上下单，积累数据。

即使你没有什么广告预算，在重点布局长尾关键词的时候，也应该把热门关键词都覆盖到，毕竟"货比三百家"。

第三节　选题

一、用工具 AnswerThePublic 来挖掘选题

AnswerThePublic 是一个挖掘关键词的工具，可以将与某个关键词相关的所有问题都挖掘出来。

在输入框当中输入你的核心关键词，比如"dry ice blasting"（干冰清洗），点击搜索，就可以让平台帮你挖掘。

该页面下方会有问题词，一共64个，你可以选择以"visualisation"（可视化）或"data"（数据）的方式显示。

紧接着，还有45个包含介词的关键词，你可以选择以"visualisation"或"data"的方式显示。

再来，是33个对比型的关键词，显示方式同上。

最后，是挖掘出来的按英文字母表 A-Z 顺序排序的长尾关键词。

做选题的时候，可以直接拿问题作为标题来出一篇内容。

直接回答客户的问题，给他答案，这是效果特别好的内容营销方式。

二、用工具 QuestionDB 来挖掘选题

QuestionDB 可以帮你挖掘某个关键词相关的选题。你只需要在输入框当中输入核心关键词进行挖掘即可。它可以按照热度来排序，你可以选择比较热门的方向。如果你想做问答或者 FAQ（常见问题解答）相关内容，这个工具就特别合适。

三、用工具 Exploding Topics 来挖掘选题

做选题的时候，你很容易选择一个比较火爆的方向，但是存在一个问题：如果这个选题已经有无数人做过，而且出过内容，那怎么办？

太多人就这个选题出过内容，换句话说，这个选题已经被做烂了，绝大多数用户都看过这个选题相关的内容了。试想一下，此时你再去做这个选题，结果会怎样？你的内容很可能会被淹没在无数相似的内容当中。所以，如果你能够找到那些尚未火爆，但是有火爆趋势的选题，意义更大。

可以利用工具 Exploding Topics 来做趋势性选题。这个工具是免费的。

四、用大数据工具 Ubersuggest 来辅助挖掘选题

使用 Ubersuggest 挖掘关键词的时候，如果选定地区为"全球"，CONTENT IDEAS 一栏是空的。你可以选择某个特定的国家（地区），比如"United States"，就会出现 CONTENT IDEAS 列表。

点击"VIEW ALL CONTENT IDEAS"，会出现更多。

然后优先选择有访问量的标题和内容进行参考。基于"话题终结者"策略，创作出更优质的内容。这样，Google 就有理由把你的内容排在你参考的页面的前面。

你可能会有一个疑问："这些内容的定期访问量也太少了，还是一个月内的访问量，怎么办？"

其实不少，一篇内容做好之后，一旦在 Google 上有了好的排名，就会持续不断地为你带来流量，非常稳定。这种流量的质量很高，而且免费。如果你的这个页面的排名还会提升，流量会更大。

五、用 Quora、Reddit 和论坛来挖掘选题

在 Quora 和 Reddit 上的内部搜索框里输入核心关键词进行搜索，看看网友都提过哪些问题，直接将这些问题作为你的选题。

另外，在 Google 里面搜索"Your Keyword intitle:Forum"，可以在论坛里面

搜索到用户发过的相关帖子，用作参考。

当然，你需要优先选择那些点击量、互动量都比较高的问题和帖子。

六、通过分析竞争对手来挖掘选题

竞争对手曾经用过的选题，如果效果特别好，你可以直接拿过来再用一次。只要保证你出的内容比竞争对手的精彩，就可以了。

如果一个选题有很多人看过、点赞过、收藏过、转发过、评论过，说明这个选题用户感兴趣，已经经过了市场的验证，你再做一次，大概率也会火。

当然，这个选题得是做永生内容，而不是即时资讯，因为即时资讯很快会过时，你再拿它当选题也没用。

既然这样，你可以去竞争对手的博客、新媒体平台上找选题，比如，去竞争对手的Facebook、LinkedIn、Twitter账号上找选题。通过分析竞争对手来挖掘选题，也可以借用一些工具，比如SEMrush和Ubersuggest。

七、推荐一些非常有效的B2B选题类型

（一）案例分析

针对自己的每个客户，你可以单独出一篇内容，用作案例分析。如果客户要求保密，你可以用匿名的形式来出内容。

如果你刚起步，没有客户，可以写行业知名案例。这么做也是有好处的，为行业做广告。

你用案例教会客户一些行业知识，他们会认为你是专家，同样的条件下，他们肯定更倾向于找你合作。

（二）行业统计数据

很多公司会做市场调查，得到大量统计数据，它们会把统计数据分享给所有的同行和客户。这么做的好处是迅速在整个行业圈子里建立知

名度。

（三）行业分析报告

行业分析报告是指在统计数据的基础上进行加工整理，出具一些比较直观的信息图，这样不仅仅可以在整个行业圈子里建立知名度，还可以塑造权威感。

（四）行业痛点与解决方案

你也可以帮客户分析他们的痛点，分享你的解决方案，这是他们最关心、最想看到的内容。

（五）好用的工具

和以前的客户分享一些好用的工具，甚至自己开发一些特别好用的小工具，给同行和客户使用。

（六）行业发展趋势

你可以结合咨询公司出的大数据报告、B2B平台的大数据、搜索引擎挖掘出的大数据，做行业发展趋势分析，分享给客户。

（七）推荐行业书籍

行业里比较好的书籍，你可以做一个列表，推荐给客户。

（八）分享行业资料

行业里有哪些权威资料，你整理一下推荐给客户。

（九）FAQ

客户可能会面临一些问题，你可以提前准备好答案。为了防止遗漏，你可以去AnswerThePublic、Quora、Reddit上搜索，看看现在客户还有哪些问题，

——回答。

（十）专家综述

行业里有哪些知名专家，你可以一个一个联系，让他们就某个话题发表观点，然后对他们的观点进行综述，整理成一篇专业内容分享出来。

第四节　如何写一篇好文章？

一、写一个超级棒的标题

（一）标题至关重要

无论是文章、视频，还是图片，标题都至关重要。为什么这么说？因为绝大部分人只会读你的内容的标题，一小部分人才会点进去读内容。

现在输出内容的人越来越多，和你竞争用户眼球的人越来越多，如果你的标题不够吸引人，那么你的内容的点击率就会特别低。

（二）如何写一个超级棒的标题？

一个特别棒的标题，既要让用户喜欢，也要让搜索引擎、推荐引擎喜欢。让用户喜欢，就会获得更多的点击量；让搜索引擎和推荐引擎喜欢，就会为你带来更多的流量。

新媒体从业人员已经总结出很多写好标题的经验，比如：

1. 标题里面包含数字，最好是奇数，或者精确到小数点后两位；

2. 标题里面出现圆括号或中括号。统计发现，带有圆括号或中括号的标题，数据表现会更好；

3. 标题里面带上最新时间，比如"2023年"，因为搜索引擎和用户都喜欢最新的内容；

4. 标题里面植入客户经常搜索的关键词；

5. 直接用AnswerThePublic挖掘用户曾经在Google上搜索过的问题，将其用作标题；

6. 在Google上搜索关键词，留意多个同行投放在Google Adwords（谷歌广告关键字）上的广告文案标题，借鉴他们的写法，他们的广告文案的标题一定是花了大量时间和精力优化过的，而且拿真金白银测试过；

7. 标题当中植入名人的名字或著名品牌名，可以吸引更多人点击；

8. 在标题中直接告诉用户，这篇文章会给他们提供什么价值，比如"让你亚马逊店铺的转化率提高50%的7个秘诀"。

BuzzSumo利用大数据技术分析了1亿篇文章的标题，整理出了一系列统计报告。相关报告主题包括：标题长度与用户参与度的关系曲线；标题当中出现的数字的频次排行榜；在Facebook上，标题当中最受欢迎的英文短语；等等。

这些报告的结论，你可以直接拿过来参考、使用。

（三）标题的主题类型

标题最受欢迎的主题类型包括：

- 排行榜；
- 新闻；
- 夸张；
- 知识分享；
- 惊奇；
- 解答疑问；
- 办事指南；
- 讲故事。

（四）用工具给标题打分、改进标题

写好标题之后，可以将这个标题输入CoSchedule Headline Analyzer这个工具里，让它帮你打分。这个工具不仅可以给你的标题打分，还可以给你提供改进建议。

至少要在90分以上，才算一个不错的标题。

如果得分太低，你就需要改进，直接根据这个工具给出的建议进行改进。这个工具是免费的。

二、如何写好正文？

（一）使用导语

我写文章的时候，往往会写一个导语，放在整篇文章最前面，用来告诉读者这篇文章主要讲什么，读者会收获什么。导语里面需要带"钩子"。第1句话就要抓住读者的注意力，让他们有兴趣继续往下读。不要写太长，尽量不要超过7行。可以用讲故事的方式来写，非常有效。

（二）不要使用生僻词

大词、生僻词只会让你的文章变得晦涩难懂，让你的读者读起来感觉吃力，这样他们就会离开。

千万不要卖弄文采。尽量用一些简单的英文单词去表达，你也要考虑到不是每个客户的英语都很好。很多时候，你和客户沟通，会发现沟通的瓶颈不在于你的英语水平，而在于对方的英语水平。对方的英语水平或许比你的差很多，比如我的一个俄罗斯客户，她的英语就很差，我每次都要费力去猜她的意思。

（三）尽量使用短句

短句，用户读起来轻松，好理解，这样用户的体验会更好。

之前，有读者看了我的文章，给我提意见，说我的标点符号用得不正确，一个长句里不应该加那么多逗号。其实，他们不知道我是刻意这么做的。如果一句话太长，你要尽可能地用逗号把它分为短句，哪怕有语法错误。有时候，刻意的语法错误，反而会引起读者的关注。

其实，最容易让人理解的就是短句，就是我们日常的口语。你看我们日常说话的时候，是不是都说的是短句，是不是都很随意，还有很多语法错误？但是沟通起来没有问题啊，这样说，对方更容易明白你在说什么。

让用户更轻松地理解是第一位的。当然，需要分场景。在Quora、Reddit、Twitter、Facebook以及一些社区，可以口语化一些，但是，在LinkedIn上面，还是正式一点好。另外，如果你读过广告文案相关书籍，就会知道很多文案高手也会刻意写一些病句，这样反而会抓住读者的注意力，广告效果会特别好。

（四）每一句话都要销售下一句

你写的每一句话，都有一个共同的目的：让读者有强烈的欲望读下去。

如果读者读了你文章的第一句话，就没有继续读下去的欲望，那你后面写得再精彩也没有用。

你可以采用一些策略，比如，在文章开头写一个故事，但是故事的结尾放在这篇文章的最后。或者在文章或视频开头就提醒读者，你有赠品，但是，把赠品信息放在整篇文章或是整个视频最后，以此激励读者看完整个内容。

（五）重点说你可以给客户带来什么好处，而不是自说自话，只顾着描述产品的特性

客户只关心他自己能够得到什么好处，所以，光顾着描述产品的特性会让客户厌烦。你要站在客户的立场考虑问题，尽量说你可以为客户带去什么价值。

（六）尽量用数字说话，而且要使用非常规的数字

比如17、23.5、93、33.7这样的数字，比整数更容易让人相信。换句话说，数字越精确，越容易让人相信。

如果你用非常常见的整数，比如100、1000，读者潜意识里就会怀疑，哪

有这么巧呢？

（七）用客户的习惯用语来表达

你可以在Reddit和一些论坛上看看客户一般是怎么表达的，他们往往有特殊的用语习惯。你要想融入他们，就得用他们的习惯用语来表达。

客户是怎么描述的，你就怎么描述，不要用自己习惯的语言。他们有自己的语言体系。多看帖子，培养自己的网感。

（八）用工具来辅助写作

工具Grammarly可以帮你检查文章中的语法错误，并提供修改建议，非常智能。这是一款收费工具，主要功能可以免费使用。

工具Hemingway可以帮你检查文章中的语法错误，修改被动语态为主动语态，将"大词"替换为"小词"。

写文章的时候，可以运用广告文案创作的一些策略，比如运用AIDA模型来写：Attention——抓住读者的注意力，Interest——激发他们的兴趣，Desire——激发他们的欲望，Action——激发他们采取行动。

第五章
阿里巴巴国际站内容营销怎么做？

第一节 核心思路

一、阿里巴巴国际站内部搜索引擎的核心算法

我经常鼓励读者换位思考，因为换位思考，可以让你想明白平台的算法。哪怕你不懂技术，换位思考，把自己当成搜索引擎的算法工程师，你会怎样去设计搜索引擎的算法？你肯定会将点击率更高、询盘率更高、成交量更大、成交次数更多的产品信息放在前面。

所有的搜索引擎都要不断地提升用户体验，让用户很方便地找到最匹配的信息，这样的搜索引擎才算是非常优秀的产品，不然，很多用户就会弃之不用，或者转向别的搜索引擎。

但是像阿里巴巴国际站这种内置的搜索引擎有点特殊，其商业模式是一种广告竞价模式。另外，平台可以从信保订单当中获得一定的佣金，有利益动机将能为平台带来利益的产品排在前面。

学会了换位思考，你就能想明白，在其他条件相同的情况下，为什么将更匹配用户搜索的关键词的、更优质的、更受欢迎的、成交率更高的、成交量更大的、领域权重更大的产品信息排在前面。

所以——

- 如果你的某条产品信息成交之后，通过线上走货，这更符合阿里巴巴

国际站平台的利益，它就更有理由把你的排名放得更靠前；

● 如果你的某条产品信息成交率更高，说明你的这条信息更受欢迎，排名也会更靠前；

● 如果你的某条产品信息询盘率更高，说明你的这条信息更受欢迎，排名也会更靠前；

● 如果你的某条产品信息被用户点击的次数更多，说明你的这条信息更受欢迎，排名也会更靠前；

● 如果你的某条产品信息与用户搜索的关键词更匹配，排名也会更靠前；

● 如果你的某条产品信息的标题、内容里面含有用户搜索的关键词，并且该关键词在你的内容里面出现的频率较高，排名也会更靠前；

● 阿里巴巴国际站并不是按照时间顺序来排名的，后面发的内容不一定会排在之前发的内容的前面。

影响排名的因素有很多，这些因素的重要程度也有很大的区别。

哪个因素在算法当中的权重特别高，哪个因素权重特别低，你依然可以用我前面提到的换位思考的方式来想一想，很容易想明白。

这两年，阿里巴巴国际站平台在大力引导所有企业从线上走货，走信保订单，只要是平台大力鼓励的，肯定就是风口，就存在红利。

事实也证明了这一点，只要你发布的一个产品产生了一些线上的订单，你的这个产品就很容易获得非常好的排名，尤其是当你发布的产品竞争度非常小的时候。

二、核心策略：大 SEO 策略之长尾关键词带动核心关键词

大 SEO 策略在前文已经重点讲述过，这里就不再赘述了。

运用大 SEO 策略的核心目的是覆盖尽可能多的关键词，尤其是长尾关键词，让在阿里巴巴国际站平台上搜索的客户能够很便利地找到你。

这里我再来补充一个策略：用长尾关键词带动核心关键词的排名。这是站长圈用 SEO 做流量的常用策略，效果非常好。

虽然阿里巴巴国际站的算法看上去有些不公平，但是只要它的内部有搜

索框，就绕不开这个逻辑。

布局关键词的核心思路是，你自己的店铺在线交易额不大、权重不高时，直接做核心关键词，排名做不上去，可以先做长尾关键词，尤其是竞争比较小的长尾关键词。长尾关键词很容易做上去，做上去之后，点击率会比竞争对手的高，进而就会带动核心关键词的排名。

三、阿里巴巴国际站发布产品信息的步骤和方法

第1步：做好整体规划

事先做好规划。需要规划的事情包括：一共可以挖掘多少个关键词？需要发布多少个产品？需要准备多少产品图文和视频？需要多少人？需要多长时间？

第2步：挖掘关键词

将行业内所有关键词都挖掘出来，分门别类。

初步筛选关键词，将一些无效的关键词删掉。

需要重点关注长尾关键词。关注关键词的时候，千万不要漏掉一些同义词、近义词，因为同一个产品在英文当中或许存在不同的说法。你要把这些词全部挖掘出来。

另外，还可以参照竞争对手的做法，看看他们布局了哪些关键词，把他们所有的关键词都挖掘出来。你也可以去行业论坛里面，看看用户交流的时候常用哪些关键词，看看他们的用语习惯，能否带给你一些线索，再依据这些线索，进一步挖掘出更多的关键词。

第3步：准备好产品图文和视频

严格按照阿里巴巴国际站平台的规范要求，准备好产品图文和视频。

这个工作比较烦琐，但是一旦准备好，后面发布产品就非常轻松了。这一块的工作要严格规划好，不然会出现大量返工，增加工作量。比如你弄错了图片的尺寸或者每张图片都做得过大，没有考虑到国外用户下载的速度，

或者视频录制的时间太短、拍得不太清晰等，这些都会导致你返工。

产品图文需要准备哪些信息呢？包括详情页模板，每款产品的参数、图片、视频、价格、包装方式、运费等信息。准备产品图文，重点需要准备好产品的标题和关键词。

第4步：发布产品

发布产品，这个工作很简单。相似的产品，你可以借助"发布相似产品"这个功能，来实现快速发布。

第5步：修改、编辑产品

产品发布之后，你时不时地要看一下这个产品相关的数据，有针对性地进行调整。针对一些表现不太好的产品，你要对它进行修改、编辑。就算是表现好的产品，你也有必要更新一下。

第二节　做好整体规划

一、在阿里巴巴国际站店铺上需要发布多少个产品？

发产品的真实目的是什么？在阿里巴巴国际站发产品的首要目的，是尽可能多地覆盖长尾关键词。覆盖的长尾关键词越多，被客户找到的机会就越大。

这里面的逻辑是什么呢？做内容营销的人都有一个观点：如果你有大量高质量的内容，那么就不缺流量。

对于站长来说，更是如此，他们会在每篇内容的标题当中植入用户经常搜索的关键词。这样一来，大量的内容就意味着大量的长尾关键词会参与搜索引擎上的排名。说不定哪个内容页面、哪个长尾关键词会给你带来1个流量。尽管每个长尾关键词带来的流量很少，但是加起来就多了。

在阿里巴巴国际站上发产品的思路与在网站上发内容、布局长尾关键词的思路是一样的。根据阿里巴巴国际站的规则，客户搜索关键词的时候，会优先匹配某个产品的标题,其次是关键词。

所以,重点是在标题中覆盖的关键词数量。

举个例子:A商家店铺内,产品一共500个,但是每一个产品标题都用了10个关键词组合而成,那么就相当于覆盖了5000个词,搜索这5000个词中任意一个关键词,都有机会找到这个商家的产品。

这个商家的产品数量虽然只有500个,但是标题中覆盖的关键词比较多,客户搜索关键词的时候,也会有很大机会匹配到这个产品。

其实按上述操作方法,发布500个产品,标题就覆盖了5000个词,那如果发布了2000个产品呢?覆盖的关键词就更多了。

换句话说,你产品发布得越多,覆盖的关键词就越多,被搜索到的机会就越大,甚至有一些词你用了,同行还没有使用,这就可以进一步拉开你和同行的距离。

二、行业优秀商家一般发了多少个产品?

你必须知道行业优秀商家一般发多少个产品,这样才能有针对性地去确定你发品的数量目标。

我看到很多行业优秀商家普遍发品7000个左右,还有一些发品1万个以上。同行都比你优秀,你还有什么借口不去努力呢?

当然,不同行业的情况不一样。

比如本书中提到的干冰清洗机,这个产品非常冷门,也没有什么相关产品。这个产品在阿里巴巴国际站平台上的关键词数量以及总的搜索量都比较小,不一定非得发布7000个或者1万个。

那怎么样去衡量要发布多少个产品呢?

具体发布多少产品,取决于你的关键词数量。你需要根据关键词去发布产品,因为你的目的是覆盖关键词。

如果你用5个关键词组成一个标题,要覆盖5000个关键词的话,就至少需要发布1000个产品;要覆盖1万个关键词,就至少需要发布2000个产品。注意,这里说的是"至少"。

你可以尽可能多地发布产品，不要担心某个关键词被重复覆盖。

某个关键词被大量重复覆盖，这可能是有问题的，一方面是资源的浪费，另一方面用户体验也不好。某个关键词被少量重复覆盖，没有什么问题。这么做可以帮你迅速测品，因为你也不确定这个关键词会把哪个产品带起来，拥有较好的排名。

三、如何快速地发布大量的产品？

带过外贸团队的人都知道，美工一天的工作量是多少，运营人员一天的工作量是多少。

我身边一个工厂的外贸团队当中，一个美工一天只能处理6套产品图片，其中包括一个主图视频。如此一来，发新品的瓶颈就是美工。

试想一下：如果你的阿里巴巴国际站店铺的目标是一共发布6000个产品，那么就需要6000/6=1000个工作日，将近4年。

一个外贸团队竟然需要4年时间，才能完成发布6000个产品这个最基本的任务，这肯定是不行的。所以，你必须在短时间内快速准备6000套产品图片（包括视频）。

如果样品齐全，准备6000套产品图片，从拍摄到修图的所有工作，一个人一个月就可以完成。

我之所以这么说，是因为我自己有过发新品的经历。我曾同时开一个1688店铺和一个阿里巴巴国际站店铺，一个月内，我在两个店铺各发了300多个新品，还为每个产品写了300字左右的文案。这两个店铺的装修工作，都是在一个月内完成的。

我的阿里巴巴国际站店铺的效果比行业优秀商家的还要好。

上面提到的这个工厂的外贸团队，美工的产量为什么这么少？因为他是先在电商平台上采集同行的图片、视频，再做的处理。

这里面涉及编辑、抠图、合成、翻译、剪辑等工作。这么做，不仅仅涉及效率问题，还涉嫌侵权。所以，我建议最好还是自己拍摄图片。当然，如果你事先获得了同行的授权，从同行的网店里面把图片下载下来，也是可以的。很多同行自己没有做外贸，你去使用他们的图片，他们反而还挺欢迎，认为你有订单之后，可能会交给他们来做货。

不管是直接拿人家的图片稍作处理，还是自己拍摄，将准备图片的效率提升2~3倍是完全可以实现的。图片和视频准备好之后，你就需要上架新品了。

你可以先制作详情页模板，做好之后，上架速度就特别快。如果想要上架速度更快，你可以借助工具实现批量上架新品。这样的工具特别多，都很方便，这里我就不做推荐了。

四、公司一共就10款产品，如何在阿里巴巴国际站店铺上发布6000款产品呢？

很多公司的产品种类很少。特别是工厂，自己能生产的核心产品可能就几款而已，如何在阿里巴巴国际站平台上发布6000款产品呢？

同一个产品，有不同的颜色、参数、包装方法、个性化定制需求，这样一来，你就可以把它变换成十几款甚至几十款产品，每款产品都有不同的产品图片，再配上不同的关键词，就可以去发布新品了。

最简单的就是变换角度去拍摄产品图片和视频，或者直接用Photoshop（一款图像处理软件）去修改图片的颜色和尺寸。

在网上你主要是靠产品图片和视频来售卖，利用不同的产品图片和视频加上不同的关键词，就可以发布不同的产品。比如，本书提到的干冰清洗机，网上总共才6款产品。

为了覆盖那么多的关键词，你可以在拍摄产品图片的时候，变换不同的角度，每5张图片结合一组关键词就可以发布一个新品。

还可以上架那些你自己没法生产，但是可以外包的一些相关性产品。

比如，与干冰清洗机相关的产品包括干冰机、干冰清洗机的零配件、干冰储存箱和劳保产品，等等。

这么做的目的有两个：一是可以增加新品数量；二是通过发布相关产品，尽可能多地获取同一客群的客户名单，通过后续跟进，促销你的主打产品。

话说回来，你是根据关键词的数量去发品。如果关键词的数量不是特别多，自然没有必要发6000款产品。干冰清洗机相关的关键词数量其实比较少，也就一两百个，那就没有必要发那么多新品了。

第三节　挖掘关键词

在做内容营销之前，你先要准备好关键词。你需要将所有关键词都挖掘出来，将它们分类整理好。

这个工作虽然有点繁杂，但是并不困难，这里我就不赘述了。我重点讲一下挖掘关键词这一块需要注意的地方。在挖掘关键词这块，我自己有个非常值得借鉴的案例。

我有个做日用品的英国老客户，现在他的品牌是欧美知名品牌了，现在在eBay、亚马逊上面，都是爆款，是经销商开的网店，我的客户只做品牌和分销。

我是专门做洗护用品的，当时就试着做他的一个产品。

一开始接到的都是小单，5000瓶，后来英国的品牌越做越大，最后一年订购了120多万元的货，后来因为需要认证报告，换工厂了，所以就没和我继续合作，估计现在做得更大了。

重点需要说一下的是我挖掘日用品长尾关键词的过程。

我挖掘了近义词，发现一片蓝海，搜索量极大，竞争极小，小到甚至都不到32个。你新发一个产品，直接就会上首页。

再后来，我通过和客户聊天，发现了他习惯用的词，我在后台搜了一下，发现也是一片蓝海。

没有什么竞争，或竞争很小，就可以获取大量的流量。由此可见挖掘关键词的重要性。

同一个产品或许有不同的关键词表达方式。

总结一下：挖掘长尾关键词的时候，你需要重点关注近义词、同义词、缩写、俚语、拆合词、拼错词。

拆合词是什么意思？比如，shoelace是鞋带的意思，shoe lace也是，一个合在一起，一个拆开，属于两个关键词。这样的词还有很多，比如 raincoat 是雨衣，rain coat 也是雨衣。

拼错词是什么意思？很多人把 Google 写成 gogle，所以 gogle 这个词有很大的搜索量。你就可以做这个词的优化。再比如，每天可能都有不少人将"刘德华"写成"liudehua"进行搜索。你可以布局"liudehua"这个关键词，进行优化。

大家都能想到的词，你只能去选长尾关键词，也就是头部玩家看不上的搜索量小、竞争不大的。

如果你能熟练应用本文分享的思路，挖掘近义词、同义词、缩写、俚语、拆合词、拼错词，那就很容易找到蓝海词，即搜索量大、竞争很小的词。

第四节 阿里巴巴国际站详情页的要求与规范

一、提前准备图文

- 白底图片；
- 主图尺寸在 750×750 以上；
- 详情页的图宽 750px；
- 详情页的图片高度不要超过 1000px，不然单张图片过大，客户那边显示完全要花半天时间；
- 每张图片大小不要超过 500K，不然客户打开都要半天时间；
- 详情页产品图最多放 15 张；
- 产品视频时长不超过 45 秒，公司视频时长不超过 10 分钟。

二、在阿里巴巴国际站上发布产品，怎么做效果最好？

（一）如何写标题与关键词？

标题中一定要包含关键词，标题长度最多 128 字符，不一定要写满，不要刻意凑数。标题由"营销词+属性词+核心词"组合而成，权重是从左往右依次递减，所以要把核心关键词放在标题最左边（也就是最前面）。

这与网上一些人发表的观点刚好相反，他们认为权重是从右往左依次递减，这个观点是错的。如果标题太长，你将核心关键词放在最右边，可能都显示不出来。反之，如果你将核心关键词放在最左边，就会非常显眼，就会提升客户的点击率。

根据阿里巴巴国际站最新的规则，标题和关键词有同等权重。但实际上，根据我的经验，标题的重要性远远超过关键词，因为客户只能看到标题，而且是看到标题后才点击你的产品的。

标题对你的产品排名权重影响最大，其次是关键词，最后是详情页内部的关键词。

1. 阿里巴巴国际站先看标题当中的关键词（包括拆合词）；

2. 如果你的阿里巴巴国际站店铺权重、单品权重足够高，填写三个关键词的排列组合才有机会参与排名；

3. 你的阿里巴巴国际站店铺和单品的买家喜好度越高，整个权重就越大，详情页中的文本关键词也能参与排名。

写标题与关键词的标准流程：

1. 确定产品的核心关键词，挖掘、整理到关键词词库；

2. 按照热度从高到低排序，先做竞争很小的词；

3. 可以按照"营销词+属性词+核心词"的组合标准来写标题。

可以说，是先确定关键词，然后根据关键词来写标题。

（二）如何选择产品类目？

产品类目非常重要，一定要选择正确。

阿里巴巴国际站平台的算法是，先去正确的类目下寻找产品，进行排序，然后再去错误的类目下寻找产品。如果你放错了类目，你的产品排名注定会在整个正确类目的最后面。

如果你不确定哪个是正确类目，怎么办？去看优秀同行发布的类目，记得是优秀的同行。在阿里巴巴国际站首页搜索关键词，出来同类产品，点进去看看优秀同行自然排名第一的类目是什么。

（三）如何写属性？

产品属性部分，能填的尽量都填，填不了的可以空着。没有固定属性的，可以在自定义属性中填。一共有10个自定义属性，如果你的没有那么多，就算了，属性不要重复，不要刻意填那么多。另外，在自定义属性里面，可以刻意出现一两次你的关键词，增加整个页面的关键词密度。

关于交易属性部分，主要是价格和起订量，这个可以参考同行，价格尽量比同行的低一点，可以增加点击率。起订量也一样，参考同行的，不要相差太多。

（四）主图位置的6张产品图怎么做？

如果产品图不够6张，用Photoshop软件编辑一下，做出6张来。

另外，主图，也就是第一张图片，一定要高清、白底，不然会影响产品质量得分。产品发布前，必须保证产品信息质量分在4.8以上。

（五）主图视频和产品详情页视频怎么做？

根据图文并茂原则，尽量为每一款产品都做一个单独的主图视频。主图视频主要用来从各个方位展示产品，演示产品的独特功能和卖点。

根据阿里巴巴国际站官方的要求，主图视频需要做到：

- 时长不超过45秒，大小不超过100MB；
- 推荐画幅：16∶9/1∶1；
- 推荐时长：30秒；
- 最小分辨率：720P；
- 最大体积：100MB。

详情页视频可以用通用的模板。

根据阿里巴巴国际站官方的要求，详情页视频需要做到：

- 时长不超过10分钟，大小不超过500MB；
- 提炼展示商品卖点和商家实力；
- 推荐画幅：16∶9；
- 推荐时长：1分钟；
- 最小分辨率：720P；
- 最大体积：100MB。

（六）产品详情页正文部分怎么做？

详情页正文部分可以包含如下模块：

- 产品卖点；
- 优惠券、折扣券；
- 参数表格：用表格展示产品参数；
- 产品多方位、多角度的细节图展示；
- 配件展示；
- 应用场景（客户应用案例）；
- 相关产品推荐；
- 用视频展示工厂；
- 工厂图片、实力证书、展会图片；
- 客户见证（大客户背书）；
- 支付与运输；
- FAQ（常见问题解答）。

中规中矩的详情页正文就需要包含上面这些模块。最后面4个是通用的，每个产品都一样，可以做成模板，每次自动调用。

（七）物流信息怎么填？

物流信息会影响转化率，所以尽量填写详尽，价格要非常准确。

- 发货期。在能力范围内尽量缩短发货期，不同数量有不同的发货期，设置成一个时间范围，让工厂有更多灵活机动的时间；

- 包装方式，尽量详细填写；
- 包装图片，一定要上传；
- 物流费用。

如果是定制产品，物流费用会包在产品的单价中。

如果是RTS（全球批发）产品，设置好运费模板就可以了。

所有的买家都希望免运费，而大量的实践也证明，包邮、免运费确实可以大幅提升转化率，如有可能，你也可以提供类似的服务。

第五节　发布产品时，如何布局长尾关键词？

一、运用大SEO策略布局长尾关键词的核心思路

海量挖掘长尾关键词；将3个长尾关键词组合成语句通顺的标题；把这3个长尾关键词用作产品关键词。核心关键词竞争太大，权重不高的店铺做不上去，可以用大SEO策略布局长尾关键词，容易有好的排名。

海量布局长尾关键词，效果非常明显。

比如有个爆款产品页面，排在首页前几名，也有不错的成交数据。

产品标题是：Custom Breakaway Sublimation Keychain Lanyards with Logo Custom Polyester Lanyard。

3个产品关键词是：Keychain Lanyards，Polyester Lanyard，Lanyards with Logo Custom。3个关键词都很好地融进了标题。

类似的成功案例还有很多。有些用的是核心关键词，因为在线成交额很大，店铺权重很高。更多的是用长尾关键词，因为在线成交额不大，店铺权重不高。

二、零效果的产品诊断

我用一个零效果的产品作为反例，来讲解一下。

产品的标题是：Custom Strong Dog Leather Straps for Small，Medium，Large

Dog Strong Leash Dogs。关键词是：Collar Dog，for Dogs，Pet Tags。

这个产品的标题和关键词的问题很大。

其一，产品名称里面存在两个不同的产品词：Dog Leather Straps，Dog Strong Leash Dogs。这两个根本不是同一个产品，放在同一个标题里，是不合适的。

一个标题只推一个产品。产品是 Dog Strong Leash（狗绳），就不应该将 Dog Leather Straps（狗背带）这个词放进去。

其二，产品关键词这块的问题很多。比如，Collar Dog 是另外一款产品，与该产品毫无关系，发产品的人应该是随便写的。再比如，"for Dogs"是一个特别宽泛的词；Pet Tags 是指宠物标牌，与该产品毫无关系。

三、标题和关键词的作用

为什么会乱写标题和关键词？原因在于一般人并没有做过网站运营，不知道网页的标题和关键词有什么作用。在网站上发的产品名称和产品关键词，最后会是整个产品所在网页的标题和关键词。

这里有必要简单介绍一下网页的标题和关键词在网站运营当中的作用：标题会告知搜索引擎整个网页是什么主题。

关键词的作用，一方面是用来主动告知搜索引擎整个网页的主题是什么，一个网页一般只设置不超过3个关键词；另外一方面，是用来匹配用户在搜索时所用的搜索词，这是我们将用户搜索时所用的词也称为关键词的原因。

后来搜索引擎发现很多站长习惯堆砌关键词，甚至堆砌一些与网页主题毫无关系的关键词，于是搜索引擎不再看重站长自己设置的关键词，而是看重采用自身算法从网页当中提炼出来的关键词。

另外，网页的标题和描述信息会展示在搜索结果页面，而关键词不会展示出来。在搜索引擎上搜索的时候，经常看到的搜索结果列表由网页标题和描述信息构成，如果整个网页没有描述信息，搜索引擎会自动抓取这个网页开头一个自然段的一部分作为描述信息。

四、拆解成功案例的具体做法

这里以一家做得比较好的外贸公司为例,来看看它是怎么写关键词的。

它的一个产品详情页上,标题为"Promotional Custom Lanyards with Logo",自然排名在首页前几位。

理论上,产品标题应该会被阿里巴巴国际站平台自动设置为整个详情页的标题,关键词应该被设置为整个网页的关键词。但是,阿里巴巴国际站略微调整了一下做法。

网页标题包含了产品标题,还包含了 3 个关键词。这 3 个关键词设置得都非常不错:Lanyards,Custom Lanyards,Lanyards with Logo。这家店铺的在线交易量很大,360 万美元,店铺的权重很高,所以,上面 3 个关键词都设置为大词,特别是第一个"Lanyards",是核心关键词,而不是长尾关键词。

尽管"Lanyards"这个词的竞争特别大,但是,对于这家店铺而言,排名也很容易做上去。

一般而言,如果你的店铺在线交易量不是很大,权重不高,就需要将这 3 个关键词都设置为长尾关键词,而不是核心关键词,因为长尾关键词的竞争小很多,你的排名容易上去。

这 3 个关键词是怎么来的呢?如果你细心留意,就会发现,这 3 个关键词在产品标题"Promotional Custom Lanyards with Logo"中都能找到。这是正确的做法。

究竟如何挖掘长尾关键词,并进行布局呢?

方法 1:在阿里巴巴国际站首页搜索框当中输入核心关键词,平台自动会给你推荐目前与之相关的比较热门的长尾关键词。

方法 2:PC 端,在阿里巴巴国际站首页随便打开一个详情页,拖到最底部。你会发现有很多推荐词,这些推荐词就是与这个详情页产品相关的长尾关键词。每个详情页最下方都有这样的推荐词。

方法 3:在阿里巴巴国际站首页搜索框当中输入核心关键词,在搜索结果当中点击自然排名靠前的一个产品，进入详情页。在详情页的底部就有很多相关的长尾关键词。这些词都是平台自动推荐给你的，肯定都有搜索量。

你看哪些词与你当前发的产品最相关，就把它们挑选出来，然后把这些词拼成产品的标题，尽量保证通顺。你还可以在此基础上额外添加一些修饰词。

这样布局关键词，可以实现一箭多雕的效果，因为一个产品标题同时覆盖了多个长尾关键词。等发布的产品多了之后，覆盖的长尾关键词的数量会越来越多，说不定什么时候，哪个长尾关键词就会给你带来流量。

如果关键词没有被分隔开，那最好不过。

关键词列表中的词，可以灵活组合。

没有用到的关键词，你可以再发一个新产品，用新产品的标题去覆盖。你发的产品越多，覆盖的长尾关键词越多，后面流量就会越多，因为说不定什么时候，一个长尾关键词就会为你带来流量。很多给你带来流量的长尾关键词，是你万万想不到的。

需要特别说明一下，这其实在站长圈子里面是非常核心的打法，效果也非常好。唯一的区别是，站长用的是搜索框下拉词和搜索结果页面下方推荐的相关关键词，不像阿里巴巴国际站，用的是详情页推荐的相关词。只要你有足够多的产品、足够多的原创内容，按照这个方法去做，可以获得极大的流量。

五、总结与补充

阿里巴巴国际站平台将关键词直接显示出来，放到了整个网页标题的最后面，换言之，阿里巴巴国际站将关键词的地位与标题的地位同等对待了。如果你整个店铺的权重特别大，关键词甚至可以不用像本章所述的方法那样来做，而可以将关键词作为标题的补充，布局一些修饰词，以便覆盖尽可能多的长尾关键词，同样会有非常好的效果。

在写标题和关键词的时候不用贪多求全，可以重点优化3个关键词，因为你可以通过多发布产品，将关键词尽可能覆盖全面，根本用不着担心没法覆盖到所有关键词。

第六节　如何改写旧有零效果产品？

一、需要修改、编辑的产品

（一）长期零效果的产品

入口：数据参谋 — 零效果产品。

自己设置时间范围，比如，大于等于90天。

（二）高流量低转化的产品＆低流量低转化的产品

入口：数据参谋—流量参谋。

特别提醒：高流量高转化、低流量高转化的产品，就不需要修改、编辑了。

（三）已经下架的零效果产品

入口：产品管理—产品诊断优化。

二、需要修改、编辑产品的哪些信息？

（一）核心是修改产品的类目、标题、关键词、主图

类目若放错，没权重。

标题：曝光，点击。

关键词：曝光，点击。

标题和主图：点击率。

（二）关于价格

如果是定制产品，可以把价格改得略低于市场平均水平，这样会带来更多的点击量。

在阿里巴巴国际站搜索一下市场平均价格，看看同行的标价就知道了。

如果是RTS产品，要谨慎修改价格，因为RTS产品，客户可以直接下单，如果你把价格弄错，就会亏损。

三、实战改写案例

这是一个已经下架的零效果产品。

产品标题是：Fashion Two Tone Luxury Cowboy Cowgirl Western Tooled Floral Embossed Full Grain Genuine Cowhide Leather。3个关键词是：Tatical Belt，Elastic Waistband，Tatical Waist Belt。

1. 把单词Tactical写成了Tatical，需要赶紧修改；

2. 产品名称、产品关键词都是乱弄的，需要参照上文；

3. 这3个产品关键词要无缝植入标题，可是标题当中没有出现"Tactical""Elastic""Waistband""Waist Belt"这几个英文单词。

现在，产品信息质量得分是4.5分，没有很高，我判断主要原因应该出在主图。主图是灰底，显得杂乱，不符合阿里巴巴国际站的要求。

我仅仅将主图与第二张图片的顺序调了一下，产品信息质量得分立即变为4.9分，效果立竿见影。

第七节　常见的几个"坑"

一、把关键词放在标题最右边

阿里巴巴国际站的算法在权衡多个因素的时候，是有先后顺序的。

第1步，考虑是否合规。包括是否侵权，是否禁限售，是否是虚假交易，是否属于重复铺货，等等。如果是，就没有排名。

第2步，考虑产品的类目。发布产品的时候有没有放对类目？如果放错，产品就会排在正确类目的最后面，等于没有排名。

第3步，考虑文本相关性。就是你的标题和关键词当中需要高频率地出现客户经常搜索的关键词。如果没有，全部往后排。

第4步，考虑供应商的实力。主要是商家星等级，包括4个维度：商家力、营销力、交易力、保障力。如果上架星等级不高的话，往后排。

第5步，考虑整个详情页内容的质量。这里讲的就是要图文并茂。

第6步，考虑买家的偏好。买家的偏好，可以通过曝光、点击、停留、转化率、订单这些指标来体现。如果这些指标表现很好，就往前排，反之，往后排。

这里重点讲一下如何提升文本相关性。

之前，有很多人说，一个长长的标题，最右边的词权重最高，所以要把核心关键词放在最右边。

其实，经过我的观察，并不是标题最右边的权重最高。

截取标题前面的6个单词，用于生成网址。为什么不是截取标题最右边的6个单词用于生成网址呢？如果说标题最右边的最重要，就应该截取标题最右边的6个单词。由此可见，标题最左边的6个单词最重要。这也符合站长圈的SEO观点：标题最左边的内容最重要，你应该把最重要的关键词放在最左边。

另外，阿里巴巴国际站平台生成的网址，会显示在Google等搜索引擎上的结果页面，而且有些用户会利用搜索指令，专门在网址里面搜索关键词，所以如果你在标题左边布局相应的关键词，就有可能被搜索到。

这也与另外一个现象一致：搜索结果页，用户搜索的词会加粗显示。加粗更显眼。如果该词在最右边，甚至会显示不出来。如果放在左边，反而更显眼。

二、布局了大量关键词，发布了大量产品，效果依然不好

如果严格按照本书的方法去操作，布局大量的长尾关键词，执行到位的情况下，效果一定不错。但是，如果你的店铺信保交易额不行，店铺商家星等级很低，店铺权重不高，你的产品排名当然也会受到很大的影响。

现在，阿里巴巴国际站平台非常看重产品的数据表现，如果你发布的一

个产品从一开始就一直没有数据，哪怕这个产品质量非常高，也不会有排名。

此时此刻，你需要有启动流量。你可以投放广告，将买来的流量导入你看好的产品，看看这些产品的数据表现，阿里巴巴国际站平台可以依据这些数据表现来决定你的排名。当然启动流量的效果远不如启动订单。什么意思呢？你可以把你以前在线下的一些订单转移到线上来成交，积累产品的数据表现。

如果有所顾忌，可以加一些样品单，转移到线上来成交。

只要你的订单数量比较多，你产品的排名就会非常好，不一定需要订单金额非常大。

三、多个业务员、多个子账号重复铺货

在很多团队内部，发新品这个任务一般交给运营单独负责，由美工来帮忙做图、做视频。如果公司想加快发新品的速度，让各个业务员都有自己的产品和询盘，就会把发新品的任务交给各个业务员。让他们各自去发布新品，就很容易出现重复铺货的情况。

重复铺货分为几种：

- 重复使用相同的图片、视频；
- 重复使用相同的产品标题；
- 重复使用关键词。

重复铺货会导致你的有效产品数量比实际发布的产品数量要少得多，平台还可能因此惩罚你。就算你逃脱了平台对你的惩罚，重复使用关键词，等于是自己在和自己打架。所以，外贸团队最好分工明确，让运营专门去发产品，避免重复铺货。

如果你想让业务员各自发布产品，也要做好统一的规划。

第六章
独立站内容营销

第一节　独立站的概念

外贸出口企业一般会建一个自己的官网。现在比较流行的，是把英文官网叫作英文独立站，或者叫外贸独立站。

建独立站，主要是为了区别于在阿里巴巴国际站、亚马逊这样的平台上开店，建一个店铺型网站的做法。

一个是完全独立的、完全可以自己做主的网站，一个是依附于平台、受制于平台的店铺型网站。

第二节　独立站的目的与作用

大多数企业建独立站，只是把它当成线上的宣传册。如果只是这样，就没有充分挖掘出独立站的价值。

独立站的作用有很多，可以帮你做到：

1.通过做SEO，从Google、Bing等搜索引擎上获取自然流量。而如果你在阿里巴巴国际站这样的平台上开店，几乎获取不到Google上的流量，因为你开的店铺的网址只是一个三级域名，根本没有权重。

2.做付费推广的时候，你必须有一个着陆页（Landing Page），你的独立站首页或其中一个内页就可以做着陆页。

3.你在站外做内容营销的时候，需要有一个着陆页去承接这些流量，进行沉淀和转化，你的独立站刚好可以做你的着陆页。

4.通过独立站展示公司方方面面的详细情况。比如可以录制一个非常大气的看厂视频，上传到YouTube上去，然后把YouTube视频镶嵌到独立站首页首屏，这样，客户访问你的网站的时候，就可以通过这个视频来看厂，增强客户对你的信任感。

5.在独立站上，完全由你自己做主。你可以自由设计很多功能，比如招商加盟。

一般来说，建好独立站之后，就会在上面输出原创内容，保证原创首发，并做好内部SEO。Google等搜索引擎收录你的内容之后，再做外部SEO，提升在搜索引擎结果页面的排名。

第三节　独立站建设

英文独立站的建设是非常简单的一件事。现在绝大部分网站都是用开源程序搭建起来的，并不是自己从0到1开发出来的，如果单纯靠自己团队开发，起码要半年。

最受欢迎的开源程序就是WordPress。Shopify上面所有独立站都是用WordPress搭建的。根据WordPress官网的数据，它的市场份额是43%。换句话说，100个网站当中，有43个是用它的系统搭建起来的。

那么，你该如何搭建网站呢？

本书篇幅有限，我只能提供大致的步骤。

一、独立站建站步骤

1.购买域名和空间（或服务器），设置一下域名解析，同时绑定域名。

2.下载WordPress程序。

3.上传WordPress程序到空间（或服务器）。

4.开始安装WordPress程序。

5.购买一套精美的主题模板,或使用免费的主题模板,启用,即可完成网站的制作。

当然,现在国外的很多空间都可以让你一键安装 WordPress,让你根据提示来操作,比如 SiteGround。

我曾为客户搭建过很多B2B独立站。很多客户会选择用阿里云的海外服务器搭建网站,域名也选择在阿里云购买。阿里云是阿里巴巴旗下的。选择阿里云的好处是购买、设置方便。但是,我个人建议你直接购买海外的主机,并用全球各个节点进行测速,以保障全球范围内的访问速度。这么做,价格更便宜。

二、建设独立站容易犯错的几个方面

建设独立站虽然很简单,但是,很多企业都会在这上面犯错误。这里,我将一些容易犯错的方面归纳如下。

(一)用错域名

域名要用.com,而且域名中要包含核心关键词。之前我服务过的一个工厂,用.cn的域名做了英文独立站,用.com的域名做了中文独立站,这就完全做反了,虽然不影响访问,但是影响速度。

(二)买错服务器

如果你主要做欧美市场,可以把服务器放到欧美;如果你主要做东南亚市场,可以把服务器放到新加坡。

只有这样,才能保证客户的访问速度。如果放错地方,有时候不是访问速度变慢的问题,客户甚至都无法打开。

(三)移动端和PC端一样,文字太小,用户看不清楚

如果出现这种情况,说明你没有选择一个自适应或响应式的主题模板。如果你选择了对的模板,移动端的界面会与PC端的完全不同,会适应移动端

的小屏幕，带给用户更好的体验。

（四）没有测速，导致速度很慢

一定要用测速工具测一下网站在不同国家和地区的访问速度。

这样的测速工具特别多，这里推荐Google的一个测速工具PageSpeed Insights。它可以帮你检测移动端和PC端的访问速度，并且给出改进建议。

（五）将视频放到自己网站的空间上，导致速度很慢

一个短视频可能超过100MB，如果客户的网速跟不上，你还非要将短视频放到自己网站的空间，而不是放到YouTube这样的平台再内嵌到自己的网站上，就会严重影响客户访问的体验感。

更严重的是，客户还没有打开你的网站就走了，因为他没有耐心等那么久。

（六）首页放大量的大图，导致速度很慢

很多网站习惯在首页放一个大尺寸的幻灯片，幻灯片的每张图都很大，很多网站还会放十来张，这样一来，网站的打开速度就很慢了。除了幻灯片，其他图片的数量、尺寸都要考虑到。

（七）没有询盘系统

没有询盘系统，客户想找你咨询，还挺不方便，他们就有可能选择不询问你。

你在写文案的时候，就算明知客户很方便询问，也要额外加上一个行动指令，以便提升转化率。大量实践证明，加了行动指令的，转化率确实有大幅提升。

同理，网页上很多地方都要加上询盘按钮，提醒客户咨询你，这样他们咨询你的概率会大大增加。

（八）没有抓潜系统

对很多网站来说，绝大部分流量都没有沉淀下来，而且在未来一两年内都不会再次访问。好不容易吸引过来的流量就这样白白浪费掉，实在可惜。所以，你需要把每个进入你的网站的潜在客户都留下来，以便持续跟进。

需要有一个抓潜系统，激励客户留下联系方式，特别是他们的邮箱地址。

三、外贸独立站必须具备的几个功能模块

（一）询盘系统

绝大部分外贸独立站都没有一个比较好的在线询盘系统。

这里我推荐Tidio这个工具，可以实现在线即时聊天。如果是一般需求，用它的免费版即可。

（二）抓潜系统

无论你做免费推广，还是做付费推广，一个客户来到你的独立站，如果你不能获取到他的联系方式，他离开之后，你什么都得不到。如果你有抓潜系统，就可以激励他留下自己的电子邮箱或者其他联系方式，你就可以持续不断地跟进。

（三）视频看厂

很多客户不方便来看厂，如果你能通过一个视频向他们展示工厂的方方面面，就能增强他们对你的信任感。

（四）客户见证

提供大量的客户见证，有多少提供多少，这样可以迅速提升转化率。

（五）内容页面

包括产品详情页和文章内容页。

四、原创内容

搭建好网站之后,你就可以开始原创高质量的内容了。做好内容之后,将内容发布到独立站上。发布内容的同时,需要做好内部 SEO。标题和正文中需要出现长尾关键词,交叉做内链,并给首页重点做一下内链。当所有的内页都给首页做内链、给首页投票的时候,权重就会向首页聚集,最终首页的权重就会变得特别高。

当然你也可以优化一个聚合页或者一个特别的专题页,把内链都汇聚到这个聚合页或者专题页,让它的权重变得特别高,参与搜索引擎的排名。

五、网站收录

只要你正正规规做网站,很快就会被 Google 收录。

通过海外新媒体直接传播你的品牌词,就可以实现导流了。

第四节　外链建设

一、什么是外链?

外链是指其他网站或网页给你的网站或网页做的超链接。搜索引擎的算法当中,外链的权重特别高。每一个超链接等于是其他网站给你的网站或网页的一个投票、一个背书。

高质量、高权重的网站或网页给你做的超链接越多,就越说明你的网站或网页非常优秀,搜索引擎就有理由把你的网站或网页排到搜索结果页的前面。

二、如何获取大量高质量的外链?

(一)输出高质量的内容,依靠读者自动自发地帮忙转发、帮忙做外链

读者当中有网站的人特别少,他们怎么帮你做外链呢?

你要输出针对拥有网站群体的人的高质量内容，让你的内容打动他们，让他们自动自发地帮你做外链。

这种高质量的内容可能是一些权威的大数据、数据报告和资料，等等。

（二）做嘉宾供稿

在他人的博客、独立站或者一些权威的新媒体上输出内容，顺便帮你自己做外链。有上下文的基于锚文本的外链的效果最好，因为相关性高的内容帮你做外链才会有非常好的效果。有上下文，就意味着他的内容与你的内容很相关。如果他整个网页的内容与你的内容毫不相关，他给你做一个外链，作用是很小的。

做嘉宾供稿（Guest Post），就可以通过上下文创造相关性外链。

如何找到可以做嘉宾供稿的网站呢？可以用SEMrush分析一个做得比较好的同行，看他的外链来源，看他曾在哪些网站做过嘉宾供稿，你复制他的方法即可。

（三）信息图

信息图是用户最爱转发、引用的一种内容形式。

你可以用信息图去获取外链。制作一个高质量的信息图，看这个信息图是什么主题，用相应的关键词去Google上搜索相应的内容，然后再联系这个内容的作者，主动给他提供这个信息图，让他把这个信息图嵌入他的内容。这么做，可以让他的内容质量变得更高，作者一般都很愿意。

你可以为对方提供信息图的上下文，然后让他把整段图文直接复制到他的内容当中去，而你在上下文当中，就可以帮自己做一个外链。这么做，对方也不会反感。统计数据表明，主动帮别人做外链的网站的排名更好。

（四）替换失效的外链

寻找那些已经倒闭的同行网站，特别是一些已经倒闭了的同行大公司的网站。他们之前有很多外链。你找到给他们做外链的网站，然后联系他们，告诉他们这些链接失效了，你写了一篇更好的文章，可以链接到你这儿。站长会感激你，因为你告诉他们网站上有一个失效的链接（broken back link），将这个失效的链接修正过来，对他们的网站是有好处的。将这个失效的外链修改为谁的呢？一时半会他们也不知道，既然是你主动提出的，就修改为你的吧。于是你就多了一条高质量的外链。

那么，如何找到倒闭的同行的网站？可以在Google上搜索"你的行业关键词 + '倒闭'"（比如"dry ice+ shutdown"）、"你的行业关键词 + '破产'"（比如"dry ice+ bankrupt"），选定某个网站，然后用工具SEMrush或Ahrefs，查询这个网站的外链。

（五）创造概念

创造新概念的好处有很多。一方面，可以让你更容易表达；另外一方面，帮你塑造权威感。这个概念是你第一个提出来的，其他人在引用这个概念的时候，就会提及你的个人品牌，也会有一定比例的人主动帮你做外链。

（六）文献综述

我们在大学毕业的时候要写毕业论文，在写毕业论文之前都需要写一个文献综述。文献综述就是综合你要参考的所有学术论文的核心观点，然后叙述出来，并且做好索引，做好引用说明。文献综述这个方法应用到网站领域，就是把多个优质内容的核心观念提炼出来，综合在一篇内容里面，并带上超链接，指向原文出处。文献综述等于是一个高质量内容的聚合页。

既然文献综述里面带有外链，那你就可以想方设法把自己的一篇高质量文章变成人家的文献综述中的一篇。

如何发现人家的文献综述内容呢？

可以在Google上搜索这样的关键词："KEYWORD" + This week，"KEYWORD" + This month，"KEYWORD" + Roundup。

找到这样的文献综述内容之后，你就可以主动联系站长，给他们发邮件，说你最近也写了一篇非常优质的关于这个关键词的内容，非常契合他们这个主题。

（七）通过播客、电台给自己的网站做外链

这是经过验证的一个非常有效的，既可以为网站带来流量又可以带来外链的途径。

（八）品牌提及

很多人不知道这个方法。品牌提及是什么意思？就是在别人的网站上多次提及你的品牌名字。

为什么会多次提及？这说明什么？说明你的品牌有一定的知名度或者很受欢迎。

Google现在已经非常智能，它能识别品牌提及。如果它发现大量的媒体在报道你的品牌、提及你的品牌，就说明你的品牌知名度很高，在做排名的时候，就会把你的品牌官网放在第一位，这也会带动你的网站其他行业关键词的排名。

让大量的网站主动提及你的品牌也没有那么容易，所以你在其他新媒体平台上输出内容的时候，哪怕不做外链，也要多提及自己的品牌名。

品牌提及，严格来说并不属于做外链，但是，这背后的逻辑和做外链是一样的。也就是说，越多的人推荐你，越多的人给你背书，就说明你越厉害，搜索引擎就会给你更高的权重。

其实认真思考一下，你会发现品牌提及会导致很多网友主动在Google上搜索你的品牌名字，这就等于告知Google你的品牌具有一定的知名度，Google的算法就会自动做出判断，把你的品牌官网排在前面。

三、外链建设的避坑指南

（一）不要在人家的博客评论处留下你的外链

太多人在这么做，而且他们用群发软件批量做这样的外链，在Google看来，这么做是作弊行为。

（二）目录外链

现在依然有很多目录网站，像这种网站的外链，对你来说是没有效果的。

（三）友情链接

在国内，互换友情链接是做外链的主要方式之一。但是，做英文独立站的时候，就不能和人家互换友情链接。为什么？因为在 Google 看来，互换友情链接是作弊行为。

（四）购买外链

购买外链是作弊行为。尽管 Google 的算法很难判定你网站的外链是不是购买的，但总是有安全隐患，如果你有合理合法的做法，就不用购买外链。

（五）作者简介处留外链

这样的外链也没有作用。

（六）非相关性外链

如果你做的是五金机电产品，找个做化妆品的给你做外链，就没有什么帮助。如果是同行给你做外链，价值就很大。这个道理也很容易理解。

行业内的人说你很厉害，比行业外的人说你很厉害，说服力强得多。

如果实在找不到给你做外链的同行，你也可以用与上下文语境相关的外链代替。上下文语境是讲述你所在行业的，顺便给你做个外链。

第五节　点击提权

Google 的算法导向是把更受欢迎的内容放到前面。所以，你的网站的点击量越大，就说明你的网站越受欢迎。

这就给了你一条思路。你可以在站外推广自己的网站，让更多的用户点击进来访问，Google 监测到这些数据之后，就会认为你的网站很受欢迎，就会提升你的网站的排名。

这里需要注意的是，你的网站必须做得比较优质，不然人家点进来之后，会立即离开。这种情况对你的网站的排名没有任何帮助，甚至还有负面影响。用户点击进来又立即离开，只能说明用户上当受骗了，是你采用了某些手段把他们骗过来的，但是他们发现你的内容质量很低，或者文不对题，就立即离开了。Google 监测到这种行为，就会判定你在作弊或者你的内容质量很差，就会惩罚你，降低你的排名。

现在有很多人想走捷径获取排名，这是很容易被搜索引擎惩罚的，甚至还会被封、不被收录。

第七章
如何用免费 B2B 平台轻松获取高质量的询盘？

第一节　B2B平台免费开店，如何迅速获取大量询盘？

阿里巴巴国际站禁止发布品牌词，一个是因为品牌是别人的，未经授权发布属于非法；另外一个原因是，品牌词的效果特别好，很容易有询盘，很容易产生仿货，所以，阿里巴巴要禁止。

几年前，为了做一款近似的球形唇膏，我不小心发布了这个唇膏的品牌词，只发了一个产品，就每天都有询盘，有时候一天有好几个询盘。当时我不知道是品牌词，不久我就主动下架了。从此，我知道了品牌词的威力。

品牌词的效果为什么这么好？因为品牌之所以成为品牌，它有一定的知名度，自带流量，每天都有一些人在搜索。

既然阿里巴巴国际站不允许发品牌词，那你可以换一个平台去发，哪怕是免费的平台，效果依然非常好。

我曾经只花了2个小时，发了17个产品，之后没有再进行管理，往后几年，每个月都有好几个询盘。而且这17个产品，只有1张主图，详情页就一句话，但是不影响，因为我在标题当中植入了品牌词。有的询盘的质量还非常高。

试想一下，如果你同时在30个B2B平台布局这样的品牌词，效果会怎样？

生产干冰清洗机那家工厂，最开始就是做免费B2B平台的，同时入驻了30多个B2B平台，免费发产品，布局大量的关键词。效果非常好。

注意：不要去做仿货，而是做类似品牌的产品，用这个思路去写标题即可。

如果是贴牌，那就更没有问题。阿里巴巴国际站管得严，其他很多平台管得松。

当然，如果你非要在阿里巴巴国际站这样的平台上发布人家的品牌词，也有办法。

品牌词加在"for"后面，意思是为这些品牌做的附件。这样一来，这些品牌就没有投诉你侵权的动机了。

如果你不是为人家的品牌做配套产品，还可以用"as""like"这样的连词，表示你可以生产和一些大品牌类似的产品。这么做，也不违反阿里巴巴国际站平台的规定。

第二节　免费B2B平台有哪些?

根据统计数据，依然有20%以上的外贸出口企业没有开通主流外贸平台。对很多预算有限的小企业来说，免费B2B平台就是救星。

我自己在2个免费平台上发了30多个产品，每个月都有将近20个询盘。

我帮某工厂做过团队培训，它主要做国内市场，在32个B2B平台上开店，只开免费店，效果非常好。办公室白领加上车间工人，一共十来个人，今年收入3000万元。

由此可见，B2B免费平台还是非常有价值的。当然，需要结合大SEO策略来做。

那么，对于外贸人来说，有哪些免费的B2B平台呢?

如下表所示，这是我们测试过的面向东南亚市场的B2B平台，可以免费发布产品。

表7-1　东南亚B2B平台

东南亚B2B平台	
越南	
Bizviet	可以发N个产品，后续还可以继续发，效果还可以
tradeeasy	只能发1个产品，还一直待审批
Acevn	dryicesm@gmail.com 只能发2个产品
印尼	
	默认为印尼语，需切换为英语，注册不成功
	专门帮印度尼西亚的客户做出口的
	一个门户而已
印度	
	可以免费发布产品，只能发10个（有各个国家的分站）
	已经注册，上架了20个产品（不能发图片），部分还在审核中
	B2B网店，非平台
	已经注册，可以免费发布5个产品，已发，还要审核通过，才会公开展示
	没法注册
	已经注册，可以免费发N个产品，需要审核才能上线
马来西亚	
	已经注册了卖家，等待审核通知
	一个B2C的平台，主要做快消品，Pass
	已经注册，可以免费发布产品，已发20个
	已经注册，可以免费发布产品，已发20个
泰国	
	注册成功，但是无法发布信息
	一个B2C的平台，主要做快消品，Pass
	注册成功

表中所示的B2B平台是我亲测过的，还有一部分是其他读者和我分享的。

天下没有免费的午餐，虽说一些B2B平台是免费的，但是，绝大部分平台以赢利为目的，所以，它们的政策经常变动，需要测试。

另外，平台允许你免费发布产品，但往往有诸多限制，包括限制你发布的产品数量、图片数量，等等。

你要做的就是多测试不同的B2B平台，测试成功之后，充分利用平台发布产品信息，因为绝大部分B2B平台在Google等搜索引擎上的权重都不错。

总的来说，对于小公司，没多少钱投资，用这些免费B2B平台是最好的选择。但必须知道，要用好免费B2B平台，除了要获取B2B平台站内的流量，还需要获取搜索引擎的流量，毕竟这些免费的B2B平台的权重都相当高，在搜索引擎上有很好的排名。这其实就是我前面强调过的大SEO策略。

第三节　以中国制造网为例详解B2B免费内容营销

一、注册登录

首先，需要用企业身份注册平台，然后登录。

登录之后，点击"添加产品"，发布产品。

二、发布产品

利用前文所述的方法，挖掘关键词，然后将关键词组合成一个标题。比如，先将关键词列表中这几个相近的关键词挑选出来：dry ice blasting machine，dry ice blasting machine for sale，dry ice price。再组合成一个标题：Dry ice blasting machine cleaner for deburring plastic or metal molds for sale at good price。这个标题直接覆盖的关键词其实不止上面3个，包括：dry ice blasting machine，dry ice blasting machine for sale，dry ice machine，dry ice，dry ice blasting，dry ice price。如下表所示。

表7-2　关键词列表

关键词	搜索指数	搜索涨幅	点击率
hot search keywords			
dry ice blasting machine	199.0	-3.43%	4.11%
dry ice machine	155.0	-7.42%	3.48%
dry ice cleaning machine	114.0	-7.04%	1.52%
dry ice	90.0	4.22%	4.4%
dry ice making machine	84.0	32.64%	6.05%
dry ice blasting machine price	74.0	3.62%	0%
atmosphere equipment/smog maker/ dry	72.0	49.63%	14.25%
dry ice blasting	58.0	20.4%	4.32%
dry ice fog machine	55.0	-13.85%	12.5%
dry ice maker	41.0	31.88%	6.04%
dry ice blaster	36.0	-4.4%	6.58%
dry ice pelletizer	35.0	-22.53%	2.84%
dry ice blaster for sale	34.0	44.79%	5.76%
dry ice maker machine	31.0	91.94%	5.88%
dry ice cleaning	30.0	-22.3%	1.74%
dry ice cleaner	26.0	1.09%	2.15%
dry ice plate	25.0	-26.05%	13.64%
dry ice pack	21.0	-7.79%	14.08%
dry ice container	19.0	-7.94%	13.79%
supplier dry ice	18.0	75%	0%
dry ice price	17.0	8.33%	3.85%
dry ice machine wedding	17.0	-31.08%	3.92%
dry ice boxes	16.0	65.52%	2.08%
dry ice cleaning car machine	16.0	-25%	0%

Dry ice 和 dry ice price 并不是目标关键词，但是，也没有坏处。另外，上面的标题还覆盖了如下相近的关键词：dry ice blaster, dry ice blaster cleaning machine。尽管标题中只有 blasting，没有 blaster，但是，智能一点的搜索引擎都可以识别近义词。

发布产品的时候，需要注意几点：

1.参考同行的定价，适当低一点，这样可以增加点击率，不然客户看到你的标价过高，问都不会问，就直接把你过滤掉了。

2.参考同行的产品类目，发布产品的时候，千万不要错放类目。

3.参数尽可能写全，参数部分也可以适当布局关键词。

4.内容部分，可以有意识地布局关键词。也就是让关键词适当地重复出现，但是不能出现过多，不然属于关键词堆砌，是作弊行为。

发布相似产品有更快的方法，可以基于之前发过的相似产品，以它为模板来发布。

这样做的好处是，以上一个产品的参数为模板，等于参数都预先帮你填好了，发布新产品就会更快。发布相似产品的目的是覆盖更多的关键词，增加被客户找到的概率。

相似产品和之前发过的产品标题不要重复了，比如之前的标题是：Dry ice blasting machine cleaner for deburring plastic or metal molds for sale at good price。现在的标题是：Portable dry ice blaster for sale as deburring machine for metal or aluminum or plastic or copper pipe。现在的标题覆盖的关键词包括：dry ice blaster, dry ice blaster for sale, portable dry ice blaster, dry ice blaster machine for sale, dry ice machine blaster。覆盖 deburr 相关的关键词包括：deburring machine, deburr plastic。

写好内容之后，发布即可。

免费会员，很多功能会有限制。比如，最多只能发布 20 个产品，而且产品主图只能设置 1 张，详情页图片功能不能用。

不过，可以加入文案。虽然限制很多，但是，好处也很明显。发布产品之后，几乎一劳永逸。我在中国制造网上面免费发布了不到 20 个产品，一共才花了 2 个小时，往后什么都没做，持续好多年每个月都有几个询盘。

第八章
海外新媒体平台内容营销

第一节　Quora内容营销

一、注册、设置与装修

让头像就是广告，让名字就是广告，让人家一眼就知道你是做什么的、你的优势是什么。

二、选问题

选问题，尽量选最近一段时间内的新问题来回答，这样，你的回答会在最前面，会获得尽可能多的流量。

选问题，尽量选关注人数比较多的问题来回答，这样，你的回答会通知到所有关注这个问题的人，会获得更多的流量。

Quora的问题也会在Google上参与排名，你需要用SEMrush找出那些已经在Google上拥有特别好的排名的Quora上的问题，来优先回答。这样，你的回答就不仅仅可以在Quora上获得流量，还可以在Google上获得流量。

如果没有购买SEMrush，也可以用AnswerThePublic这样的工具挖掘出关键词相关的问题，在Google上搜索，看哪些问题的排名非常好，优先回答这样的问题。

三、设计自己的回答模板

用答案模板来回答同类问题。

非常认真地回答了一个问题之后，你会发现右侧有很多同类问题。如何回答同类问题？你可以先做一套模板，后面统一用这个模板来回答。

只要在回答每个问题的时候，个性化地修改一下，做出一点差异来就可以了。不要让所有问题的答案一模一样。

创建模板，可以直接用Google Docs，可以在线创建，然后复制粘贴到Quora上去回答，比较方便。

四、回答问题的原则

一定要贡献价值，顺便留下你的网址。

一开始，每5个回答，1个回答当中留链接就可以了，不要每个都留，不然的话，你看上去就像一个spammer（垃圾邮件发送者）。

你在Quora上持续为平台、为用户贡献了很大价值的时候，再多留一些链接，就没有问题了。

不能直接推广链接，不然Quora会直接删掉你的答案或封号。你可以在你的独立站上做一个登陆页（Landing Page）中转一下。

五、如何吸引眼球？

回答的时候，插入视频或者图片，带给读者的体验会更好。特别是回答之前，插入一张精心设计的图片，可以吸引读者的注意力。

插入你在YouTube上的视频，可以给你的视频导流，也可以让你的回答质量更高，带给读者更好的体验。

六、在Quora的Space小组里面输出内容

利用Quora的Space小组，在里面输出内容，优先挑选那些人数较多的小组。也可以将自己的回答转发到某个特定的小组或某几个特定的小组。

在转发之前，你需要先为这个小组贡献价值，成为老用户，不然有可能会受到惩罚。

七、做好数据分析

分析数据，看看哪个回答比较火，原因是什么，进一步改进。

八、Quora 内容营销经验总结

- 注册、设置好账号，装修个人主页，显得专业些；
- 特别要写好自己擅长的领域（Knows About），方便平台知道你的特长，有针对性地给你推送问题；
- 多关注自己领域的话题，方便平台知道你的喜好，有针对性地给你推送问题和答案；
- 选择自己所在领域的问题来回答，不要什么问题都回答，这样有利于积累领域权重；
- 选择关注人数比较多的问题来回答；
- 选择在 Google 上排名特别好的问题来回答；
- 将自己以前输出的内容改编为某个问题的答案，然后在 Quora 上选择合适的问题来回答；
- 预计可能会火的新问题，也可以回答；
- 回答的时候，加入图片、视频，做到图文并茂，这样有利于从竞争对手（其他回答者）中胜出；
- 回答问题的时候，可以先告知用户自己的行业经验和背景，塑造权威感；
- 回答问题的时候，一定要在开头部分把最有价值的观点亮出来，吸引用户的注意力，引导他们继续往下看；
- 经常看平台上的统计数据，分析成功与失败的原因，进行复盘、改进；
- 持续贡献价值，后面可以从 Quora 引流到官网或你的其他新媒体平台上。本着贡献价值的心态，在内容当中植入 YouTube 视频或是你的官网链接，是没有问题的。

第二节　YouTube内容营销

一、YouTube账号注册、设置与装修

（一）YouTube账号注册

可以用Google账号登录YouTube，因为YouTube是Google旗下的平台。而Google账号，可以用QQ邮箱App来注册，根据该App的提示一步步操作即可，比较简单，这里就不详述了。

（二）YouTube账号设置与装修

1.更改头像、banner与水印；
2.频道简介；
3.设置banner。Banner图片，2048×1152 px，大小不超过6MB。

二、发布视频

发布视频的时候，有几个要点：

- 标题需要组合关键词；
- 简介的地方，尽量多写一段文案，植入目标关键词。这么做有利于该页面在YouTube搜索结果页、Google搜索结果页上的排名，当然也可以带来更好的用户体验；
- 缩略图可以自定义，也可以从视频当中选择一帧；
- 最好将视频分类，如没有，就新建播放列表。

如果你要从视频中截一张图做封面，可以用Photoshop修改一下。
封面上一定要加文案，一定要夺目。
发布视频的时候，需要选择"否，内容不是面向儿童的"。

三、YouTube内容营销经验

（一）在YouTube上做内容营销，效果非常好

在第十章内容营销案例分析中，创业3年、10亿美元被收购的Dollar Shave Club，正是因为做YouTube视频内容营销而一举成名的。

虽然做到独角兽级别的是少数，中小企业做视频内容营销成功的案例也特别多，比如视频下方会有客户留言，甚至会有很多客户问价格，问怎么购买。

加上YouTube是Google旗下的视频平台，所以，在YouTube上面做SEO，非常容易排到Google搜索结果页的首页。只要你的频道主页面上的内容稍微丰富一些，你的YouTube频道页的品牌词很容易就排到Google搜索结果页的首页。

YouTube的营销效果非常好，还体现在YouTube对广告的包容性非常强，比如你可以在自己视频下方的文字描述里面加上你的联系方式。

（二）如何增加视频的观看量？

1.持续输出内容优质的视频。

与Google的排序算法不同，YouTube上每个账号（频道）的权重是动态变化的，如果你持续输出优质内容，你的权重就会比较高，反之，如果后面你突然持续输出几个劣质内容，权重就会变低。

YouTube的核心导向是把优质的内容排在前面，推荐给更多的平台用户。

所以，以不变应万变，持续不断地输出高质量的视频内容。

也只有高质量的内容，才会有高的停留时长、点赞、评论、完播率，平台才会给你推荐更多的用户。

2.面向Google做好SEO，面向YouTube搜索框做好SEO。

你的视频在YouTube上有很好的排名，有很大的流量，但是在Google上根本没有排名，这种现象也非常常见。你要首先考虑YouTube上的排名。

3.视频的缩略图至关重要。一个具有诱惑力的缩略图，可以增加点击率，

YouTube的算法非常看中点击率。如果你的视频点击率很高，YouTube就可能会给你的视频做推荐，你的视频就可能出现在同类视频页面的右边推荐栏。所以，你一定要设计一个非常夺目、非常吸引人的缩略图。

4.视频的标题也非常重要，同样决定了用户是否愿意点进去观看。

5.在视频的标题、标签当中都要配上合适的关键词，做好SEO。

不同的关键词，其背后的流量不一样；不同的关键词，其竞争热度也不一样。选择合适的关键词非常重要。如何找到合适的关键词？你可以看看你的竞争对手发布的同类型的视频，看他们使用了哪些关键词让视频非常的火爆。你也可以使用工具VidIQ.com来查看不同关键词相关的最火的视频是哪些。

6.每个视频都要配字幕，而且字幕也要做SEO，因为现在YouTube的算法非常智能，它能识别语音和字幕里面的文字内容，判断它的主题是什么，然后有针对性地给予排名和推荐。

7.每个视频的描述性文字也尽量写多一点，做好SEO，道理同上。

8.发布视频之后，立即给自己的电子邮箱订阅用户发一封邮件，给自己其他新媒体平台上的粉丝推送一条通知。

9.发布视频之后，立即将视频嵌入自己的网页做推广。

这样会形成一个双赢的局面。视频会为你这个网页带来更新，会让读者停留更长的时间，让你这个网页的排名更好。而这个网页也会为你的视频带来更多的观看量。

10.发布视频之后，立即转发到自己的社交媒体上。

11.看站外有哪些博客的主题刚好与你视频的主题一样，主动联系博主，让他们将你的视频嵌入他们的平台。

12.增加观众的参与度，YouTube的算法最看重这点。Google的算法看重参与度，更看重外链。而YouTube的算法，最看重参与度，毕竟YouTube上的视频一般是没有什么外链的。

参与度包括完播率、停留时长、留言、点赞、评论、收藏、转发，等等。

所以，你的内容要非常优质，你的视频也要做得长一点，而且要尽量多地与观众互动。

13. 每个视频做得长一点，尽量在5分钟以上。

一方面，5分钟以上的视频，广告商可以插入两条广告，你和YouTube官方会有广告收益。5分钟以下的视频，最多只能插入一条广告，广告收益会减半。另外一方面，视频的时长越短，越不容易让用户停留更长的时间，而YouTube当然希望用户停留的时间越长越好。如果你的视频可以让用户停留更长时间，YouTube就有可能将你的视频推荐给更多用户。

第三节　Pinterest内容营销

一、注册、设置与装修

Pinterest可以用Google账号直接登录，不用单独申请账号。

用公司logo作为头像，这样一来，头像就是广告，一目了然。

这里选择用人名作为账号名，好处是更容易获得粉丝的关注。我们所有人都更愿意关注一个人，而不是一个抽象的概念、品牌或公司。在签名处放公司的官网、核心关键词，以便客户找到你。

二、发布内容

Pinterest上面都是信息图，所以，你制作的原生内容也得是信息图。

内容发布的先后顺序是，先发到官网，然后在Pinterest上面发布，引流到自己的网站。

有两种发布内容的方式：一种是"Create a Pin"（创作内容），另外一种是"Save from Website"，即从你的网站里面导入。

发布的时候，需要在标题和描述部分植入关键词，方便用户搜索到该图。

三、注意事项

平台上主要是移动端的竖图，所以，你要制作竖图。

如果是横图，文字会变小，你要考虑到用户看上去的效果，考虑到用户是否能看得见上面的文字。

可以创建分类，对你的作品进行分类。

图片的title/alt一定要信息齐全，这些有利于做SEO。

四、Pinterest内容营销经验

- 信息图是转发率最高的一种内容形式，看看那些咨询公司出的报告就知道了，我们都喜欢将这些数据信息图作为社交货币转发给朋友看，这也是咨询公司喜欢输出信息图的原因。所以，如果可以，尽量多做信息图；
- 创建Boards的时候，Boards的名字当中要包含关键词，这样有利于Pinterest内部做SEO；
- 在描述当中也要植入关键词，有些用户会转发你的Pins到Twitter，这段描述将成为他们Twitter上的内容；
- 图片需要做成竖向的，因为移动互联网用户都习惯用手机逛Pinterest。所以，如果你从你的独立站网页导入图片，就需要事先将图片做成竖向的大图；
- 给自己的独立站做外链、导流；
- 在其他社交平台分享你的Pins。

第四节　Reddit内容营销

一、Reddit简介

可以把Reddit理解成英文版的贴吧。在Reddit上面，你可以发帖，可以评论人家的帖子。你可以加入现有的Community（社区），也可以自己创建新的Community，没有什么要求。你可以私信给客户，可以导流到你的私域。前提条件是遵守Reddit官方的规定和各个Community内部的规定。此外，你还可以在Reddit上面做直播。

你发的内容能获得平台多大力度的推荐，取决于你账号的权重和内容的

质量。

而账号的权重是根据Karma这个指标来确定的。你在平台上贡献的优质内容越多，点赞数越多，评论数越多，你的Karma值就越高。反之，如果你获得了很多反对，你的Karma值就会降低。

这里有一些Reddit上面的习惯用语，供参考。

Upvote：给别人的帖子点赞。如果你发现一篇文章很有用，通过upvote让这篇文章人气上升。

Downvote：对某篇downvote，表示你觉得这篇文章没什么内容。

Karma：你在Reddit上所得的分数，表示你发的链接或评论在社区的价值量，也代表着你在Reddit的等级。你发的帖子和评论、点赞数越多，Karma值就越高。

Reddit Gold：Reddit高级版，增加了许多功能和帮助。

OP（Original Poster）：第一个发帖子的人。

TL, DR（Too Long, Didn't Read）：一般用在一些长篇大论中。

IRL（in real life）：在现实生活中。

NSFW（Not Safe For Work）：不适合在公共场合打开的内容，通常出现在文章的标题里，用来提醒读者。

TIL（Today I Learned）：今天新学到的东西，强调或分享一些新的知识。

AMA（Ask Me Anything）：用来邀请别人提问。一般先介绍自己的身份或特长，然后邀请别人根据自己的介绍，询问相关的问题。

Repost：已经发表过的帖子。

在Reddit上面，特别有效的帖子类型是发布有趣的动图，并在评论区附上动图所属原视频的URL（统一资源定位符）。

此外，在Reddit的特定社区里面，你可以举办AMA（Ask Me Anything）活动，这样可以鼓励所有的客户、同行、上下游来向你发问，通过回答他们的问题，一方面可以增强他们和你的参与度，另一方面可以将内容沉淀下来，作为你将来的营销素材。

二、注册、设置与装修

可以用公司的logo作为头像，用品牌关键词作为账号名字，用一张非常具有代表性的大图作为店招，然后在简介部分描述一下工厂的主要业务，并在描述部分植入核心关键词。

这样做，可以让客户很容易搜索到你，让点击你头像的人，一眼就能看出你是一家干冰清洗机生产工厂，能提供的产品和服务有哪些。

三、内容发布

先搜索帖子，如果你发现某个帖子的评论区很火，可以对评论进行评论，多次出现，进行覆盖，因为你的名字和头像就是你的品牌广告，增大曝光都是有意义的。

客户聚集的Community，你可以加入，然后持续在里面输出有价值的内容，持续和客户互动。

四、Reddit内容营销经验

- 熟悉平台规则，熟悉平台的风格和调性；
- 严格遵守社区的规则；
- 多加入一些客户聚集的社区，多观察，多学习；
- 保持活跃；
- 贡献符合Reddit平台调性的原生内容。每个行业的用户都有他们独特的用语习惯。在Reddit上面，你可以细心留意用户的用语习惯，学习和借鉴，争取尽快融入他们。你也可以学习他们的习惯用语去输出内容；
- 尽量口语化，少用行业术语；
- 不要一上来就发广告；
- 要持续输出高质量的内容，贡献价值；
- 输出内容的时候，以帮助用户解决实际问题为导向，顺便给他们推荐好的产品和服务方式来做推广；

- 制作动图，Reddit用户喜欢动图；
- 不要用托儿，不要用小号；
- 用个人号真诚地和客户互动交友；
- 在r/IAmA社区发布AMA帖子，和客户互动，做自己的动态更新的FAQ；
- 在Reddit上面收集客户的正向反馈，以便用作客户见证；
- 在Reddit上面搜索，挖掘客户提出的一些问题，将这些问题作为选题，方便你在其他新媒体平台上输出内容。

第五节　Facebook 内容营销

一、注册、设置与装修

首先，注册账号之后，就需要设置个人资料，包括头像、名字、banner，要让人家一眼就知道你是做什么的。

Facebook不能用Google账号直接登录，需要单独申请账号。

用公司logo作为头像，这样一来，头像就是广告，一目了然。用人名作为账号名，更容易获得用户的关注。所有人都更愿意关注一个人，而不是一个品牌或公司。选择人名作为账号名，也便于你加入其他小组，和其他小组成员互动、交流。

顶部放一张店招大图，让人一眼就能看出你是做什么的。

二、多关注与你领域相关的Facebook小组

小组里面有很多客户。

发现了客户，就给他留言，并加他为好友。

多和客户互动，你的每一条留言，不仅仅是回复他，更是为了永久留存，影响后来者。

比如，你碰到某个客户，可以先加他为好友，然后评论他的作品。

输出内容的时候，多增加品牌提及。

在自己的个人主页发布图片或视频。

发布视频和图片的时候，文字描述部分也要植入热门关键词，以便被用户搜索到。

当然，更推荐将内容发到相应的小组里面，而不是发到自己的主页面。

三、Facebook 内容营销经验总结

- 尽量注册为企业号，而不是个人号，因为 Facebook 官方有规定，个人号不能用于企业领域；
- 主页的 banner 一定要选一个夺目的、具有代表性的；
- 设置个性化的网址。每个账号都有一个虚拟网址，你可以在网址里面植入核心关键词。网址越简单，越容易被记住、被传播；
- 头像要么用 logo，要么用一个极具个性化的，方便用户记住；
- 名字需要用核心关键词，占据 Facebook 平台内部的搜索流量入口；
- 设置好简介，有利于用户迅速了解你；
- 多多加入 Facebook 上与你所在领域相关的小组；
- 多和客户互动，但凡给自己留言的，都要回复，并且要及时回复，尽量拿到"快速响应"勋章，给用户最佳体验；
- 在 banner 下方可以增加一个行动指令按钮；
- 在 Facebook 上面输出内容，遵循质量大于数量的原则；
- 在每天的最佳时刻输出内容。因为 Facebook 是面向全球的，不过不同国家（地区）所在时区不一样，所以你需要根据自己的目标市场来测试最佳内容发布时间，尽量在很多目标用户在线的时候输出内容；
- 不要完全用软件自动化同步输出内容，否则你输出的内容会被限流。你是不是机器人，平台是可以检测出来的。现在我们登录一些平台，经常遇到图形验证码，就是平台用来检测你是不是机器人的。所以，尽量手动操作，尽量真人与用户互动；
- 多发图片，多发布信息图，因为图片的互动率远高于文字；

- 图片预先处理成适合Facebook的尺寸，以防变形，给用户带去最佳体验，一些基本要求如下：

封面照片：宽820px，高312px；

头像：宽170px，高170px；

共享图像：宽1200px，高630px；

共享键接缩略图：宽1200px，高627px。

- 如有条件，多在Facebook上面发布视频，做直播；
- 经常使用Facebook Insights来帮自己做数据分析，不断地复盘、改进；
- 做好Facebook内容输出规划；
- 在官网或其他新媒体平台推广你的Facebook主页。

第六节　LinkedIn内容营销

一、注册、设置与装修

在注册LinkedIn账号的时候务必使用人名作为账号名，因为LinkedIn作为一个职场社交平台，大家都在用自己的真实姓名，你务必也要这样做，不然会被封号。

尽量使用公司负责人的名字，因为所有客户都更喜欢和公司负责人打交道。

尽量把职业档案和学历背景填写完整，尽量使用自己的真实头像，这些可以迅速建立陌生人对你的信任感。

顶部的banner让人一眼就能看出你公司是做什么的就可以了。

二、开启创作者模式

将"创作者模式"的开关打开。

点击"创作者模式"，增加5个话题标签。

三、发布内容

在首页，有发布内容的按钮。

发布内容的时候，一定要做一个高清、夺目的图片。

文末可以加上原文出处，用超链接指向原文网址，可以不用加锚文本。

加标签，好让 LinkedIn 给你做定向推荐。

一定要用系统自带的标签，因为系统自带的标签自带流量，你自己编的标签或许没有人会关注。

发布之后，文章会显示在你的首页。

如果是信息图，接着可以将 LinkedIn 上这篇文章的网址贴到 Pinterest 上面去，用来交叉推广。

四、LinkedIn 内容营销经验

- 设置好自己的档案。使用真实的头像、姓名，将自己的教育背景、工作经历尽量填写完整，这样更容易获得用户的信任，更容易获得平台的推荐；
- 在 LinkedIn 上面输出内容，塑造自己专家的身份；
- 多和用户互动；
- 给自己的主页创建一个好记的网址，网址里面包含核心关键词，有利于做 SEO；
- 面向 Google 做好 SEO。LinkedIn 的主页和内容页会被 Google 收录，参与排名，所以你可以在主页和内容页植入相关关键词，做好 SEO，方便客户找到你。

同时，你可以给自己的主页或者某个质量特别高的内容页做一下外链，用你的独立站帮忙做外链就可以。有了外链的加持，更容易获得更好的排名，尤其是相对于同行的 LinkedIn 页面来说，因为绝大部分人是不会想到给自己的 LinkedIn 页面做外链的。

当然，更重要的是，多和粉丝、客户互动，互动的频率越高，你的主页和内容页在搜索引擎上的排名就更好。

- 多用动图和视频来增加互动。统计数据表明，使用动图和视频，可以大大增加互动率；
- 使用 LinkedIn InMail 功能。这是一个付费功能。使用这个功能，你就可以联系到所有人，包括那些没有关注你的人。很多做B2B生意的公司团队都在使用这个功能开发客户。用这个功能你可以发开发信；
- 利用 LinkedIn 后台数据，监测、分析，不断地复盘、改进。

第七节　Instagram 内容营销

一、注册、设置与装修

注册好账号之后还可以修改名字，要让名字就是广告，让名字就是核心关键词，因为核心关键词自带流量。

这样一来，就更容易被用户搜索到。

你在搜索框输入"dry ice blaster"，就很容易搜索到账号，这是为什么？因为账号名字当中包含了"dry ice blaster"这个核心关键词，尽管在账号名字当中这三个单词中间是没有空格的。

因为"dry ice blaster"是这个行业的核心关键词，在 Google 上有很大的流量。同样的道理，Instagram 覆盖了大量流量，所以 Instagram 上面也有很多需要干冰清洗机的用户。至于在 Instagram 上面有没有人搜索"dry ice blaster"等关键词，暂且不管，先占领 Instagram 这个搜索入口的位置再说。

二、发布内容

发布视频、图片的时候，可以选择原来的尺寸，不然会变形。

要单独做一个吸引人的封面，这样可以增加点击率。

文字描述部分，要植入相应的关键词，方便客户搜索到你的内容。

比如，下面是一个视频的描述文案：

How to deburr plastic with an automatic deburring machine?

Automatic deburring machine with a dry ice blaster will make an automated system for a cell phone frame case factory, which will save a lot of labor cost.

写这个文案的时候，刻意覆盖了很多关键词，包括：deburring machine，how to deburr，deburr plastic，automatic deburring machine，automated system，dry ice blaster。

这些词都有不错的搜索量。

其实不用一下子覆盖那么多，也不用覆盖完，因为后面还会发很多类似的视频，用它们去覆盖其他尚未被覆盖到的词。

三、Instagram内容营销经验

- 设置好头像。头像是圆形的，所以，你需要保证你的头像不被裁减掉；
- 写好描述信息。头两句要抓住用户的注意力，正文当中要植入关键词，做好SEO；
- 用好标签。优先选择平台自带的已经有很多人关注的标签。不要加太多，3~5个即可，而且一定要加与你的主题相关的标签；
- 选择最佳发布时间。据统计，在Instagram上面，不同行业的内容，最佳发布时间不同，如下所示：

旅游与旅游业：周五，上午9点到下午1点；

媒体和娱乐业：周二和周四中午12点到下午3点；

食品和饮料业：周五，中午12点；

零售业：周二，周四，周五，中午12点；

专业服务行业：周二，周三，周五，上午9点或10点；

非营利性行业：上午10点到下午4点；

- 持续输出高质量的内容，包括图片、幕后、视频，等等；
- 分享科普、知识类的内容；
- 让员工个人注册Instagram账号，以他们的视角输出内容。因为用户不仅仅会与品牌官方互动，还可能会与员工互动，而且，员工以个人身份输出

的内容更容易获得客户的信任；

- 与大V合作，让他们和你互动，或帮你推广，抑或让他们代运营一段时间；
- 面向粉丝征稿，晒出粉丝、客户的照片和视频，这样的内容更容易获得客户的信任；
- 用Instagram Stories来测试不同类型的内容或活动；
- 如有条件，直接在Instagram上面做直播，效果更好；
- 在标题里面加入行动指令，调动用户与你互动的积极性；
- 用平台自带的话题标签，触达尽可能多的用户。

第八节　Twitter内容营销

一、注册、设置与装修

让名字就是广告，让头像就是广告语，让banner就是验厂照片，向客户展示你的工厂。

我服务过的一些工厂，很多不重视厂房标识，厂房外都没有广告标牌，也就没有工厂照片。如有，用来展示，效果更好。不然客户依然会怀疑是贸易公司，不是工厂。

二、搜索"dry ice blaster"，找到客户并和他们互动

可以先关注对方，然后和对方互动。

三、发布内容

发布内容的时候，文字部分要植入核心关键词，方便客户搜索到你的内容。

四、Twitter内容营销经验

- 将个人资料设置得吸引人一些；
- 可以将一篇长内容，拆分为多条短内容，发布到Twitter上面；

- 可以用Twitter来追热点，所以时刻关注Twitter上的热点，让自己的内容与热点关联，输出内容；
- 在Twitter上面输出内容，可以随意一点，不需要那么正式；
- 利用好Twitter上的标签，精准定位人群；
- 选择正确的发布时间。因为一条新的Twitter会很快被淹没在用户的信息流当中，所以，选择正确的时间点发布内容非常重要。如何选择正确的时间点呢？借助工具，看你的粉丝、用户最活跃的时间点是什么时候；
- 提前做好发布Twitter的时间计划表，最好用自动发送工具做好定时发送计划，比如你下周要出差，没有时间发布Twitter，可以用工具提前设置好发布每条Twitter的计划，然后工具就会自动定时帮你发送。这里用工具是想要提升效率，你不用工具，平台也没有流量推荐给你，红利就会过去，所以不存在限流不限流的问题；
- 多与用户互动；
- 关注竞争对手，看他们在输出什么内容、在做什么活动，是怎样与粉丝互动的；
- 可以用后台大数据分析工具定期分析，看看哪些动作有效、哪些无效；
- 多使用图片和视频。

第九节　Medium内容营销

一、注册、设置与装修

同在其他新媒体平台上注册、设置与装修一样，你可以让名字、让头像就是广告。在简介处用核心关键词简要介绍一下公司的主营业务，方便客户找到你。签名处可以留你的网址和邮箱地址。

二、发布内容

设置标签的时候，要选择系统已有的标签，不要自创一个没人关注的标签，不然系统不好给你的内容做定向推荐，你就没流量。

发布内容时，可以直接从网页上复制图片到输入框，Medium会自动下载这些图片到它的服务器。

文章内容页可以留外链、留网址。

留的这个网址是可以直接点击跳转到你的官网的，不要刻意做锚文本，不要刻意做热门关键词的锚文本，不然会涉嫌作弊。

三、Medium内容营销经验

1.做一个有吸引力的缩略图。

试想一下，使用搜索引擎的时候，在搜索结果列表里面，你更愿意点击哪种结果？是不是那种带缩略图的，为什么？

带缩略图的，占据的空间位置更大，让人阅读起来更轻松，体验更好。

好的缩略图本身就可以传达信息。

2.写一个超级棒的标题。

3.可以考虑在站外付费购买流量，推广自己刚发布的文章。

付费购买流量的目的是什么呢？获得启动流量。

这些启动流量可以为你的文章带来第一波点击、点赞、评论，也就是增加了参与度。互动数据越多，参与度就越强，Medium平台就会加大对你文章的推荐力度。

你准备付费推广的文章一定是你自己特别看好的，这样才不至于浪费广告费。

随着点赞量的增加，观看量会急剧上升。

根据统计数据，我们发现，最好是尽快让文章的点赞量达到200以上，这个时候平台会加大对你文章的推荐力度。

- 在其他新媒体平台上推广自己在Medium上面的文章；
- 将你的文章加入一个Medium Publication。这有助于你触达更多用户，因为每个Medium Publication都有自身的订阅用户。你的作品被一个Medium Publication收录之后，自然就有可能被订阅用户看到；

- 表现不好，但是你自己又特别看好，觉得内容质量特别好的文章，隔一段时间之后，你可以将它删掉，然后重新发布。一篇文章的效果怎么样，是否会成功，有时候具有极大的偶然性。比如你发布文章的时间不合理，选择在人家睡觉时间才发布，就不会有最佳的效果。隔一段时间之后，你可以换一个缩略图，换一个标题，重新发布一次；

- 修改旧文。后续可以不断地对旧文进行更新，使它的质量越来越高、内容越来越丰富；

- 及时关注那些与你互动过的人。当你关注他们的时候，他们会收到Medium平台的一个通知，当中有很大一部分人会选择回关你。就算他们当中有一部分人不回关你，也没关系，他们收到了通知，等于是你主动与他们互动了一次，也会增强他们对你的好感；

- 持续不断地输出高质量的内容；

- 做好SEO。不光是面向Medium平台上面的搜索框，也要面向Google这样的搜索引擎做SEO，因为Google等搜索引擎会收录Medium上面的内容，而Medium平台的权重非常高，非常容易获得排名。

第十节　TikTok内容营销

一、注册、设置与装修

TikTok作为抖音的国际版，希望更多国外的用户创作内容，因为本土化对平台来说很重要。

我们的目的是布局关键词、抢占搜索入口，这么做是有价值的。

按提示注册。关键是设置个人资料，你的名字、你的简介就是广告。名字和简介，后面还可以修改。

二、如何生产视频，出内容？

TikTok对视频的要求是720×1280，时长最多180秒。

720×1280属于竖屏，9∶16。

所以，你用剪辑软件的时候，要考虑横屏还是竖屏。而且，一定要配音、配乐、配字幕。

很多工业品，即使不好配音，也要配字幕。

三、发布内容

你可以根据提示来发布视频内容。

发布内容的时候有几个关键点。

（一）拼合关键词

发布视频的时候，和在其他平台上发布的方法一样，也要用到自己挖掘到的关键词列表，从中选择几个，组合成一个标题。

比如，拼合这3个关键词：how to deburr small parts，holes in small parts，dry ice cleaning machine。

拼合为一个标题：How to deburr holes in small parts by dry ice cleaning machine?

（二）视频封面设计

视频的封面只能来自视频当中的一帧，所以，需要好好挑选，选一帧好的，因为这涉及点击转化率。

（三）添加标签

发布作品时，加上标签，可以帮助系统定位你的用户，做好精准推送。

加上标签，等于是告诉算法，你想要的人群标签是哪些，算法会更容易做判断，给你做推荐。

加标签的时候，要用系统自带的，不要自己独创一个谁都不知道的标签。而且尽量选热门的标签，你输入一个标签的时候，系统会提示该标签的热门程度。这样做，系统才好帮你把作品推送给更多用户。

发布成功之后，如果播放量非常小，可能主要是因为视频非常不清晰，也没有配音、配字幕。

四、TikTok 内容营销经验

- 你可以与海外的伙伴合作，让他在当地用手机发布短视频内容；
- 根据测试，同样一个短视频，你在手机App上面发布获得的流量远远大于在PC端发布获得的流量；
- 创建一个品牌账号，设置好头像、名字、签名，让用户一眼就知道你是做什么的，并且可以联系到你；
- 让名字就是广告，让头像就是广告，让签名就是广告；
- 让名字就是核心关键词，自带搜索流量；
- 既然是短视频平台，那么你的每个短视频全部都要是精华，不然用户一点开就走了。

我们都知道，这些推荐算法平台，都是将最优质的内容推送给尽可能多的平台用户，如果内容质量不好，注定就没有什么播放量。

做营销不仅仅是做曝光、做流量，还有转化率。形象不行，不够专业，就没有转化率。

- 与TikTok上面的内容创作者互动、合作，一起发起某个挑战活动；
- 与TikTok上面的网红、大V合作；
- 发布视频时，尽量用系统自带的标签，一方面，可以让平台知道应该推送给哪些人群；另外一方面，有利于SEO，方便用户通过平台上的搜索框找到你。除非你有目的地发起品牌活动，不然不要自己凭空创造一个新标签，那样没有流量；
- 可以激励自己的老客户、粉丝生产内容，发布到他们的TikTok账号上；
- 在TikTok上面直播的时候，需要考虑到时差，选择一个你的主要客户在线的时间段；
- 在TikTok上面输出内容，一定要真实、真诚；

- 挑选最佳时间发布视频，Influencer Marketing Hub分析了10万个TikTok视频作品，发现在以下时间段发布，互动率最高：

周一：上午6点、10点；晚上10点；

周二：凌晨2点、4点；上午9点；

周三：上午7点、8点；晚上11点；

周四：上午9点；中午12点；下午7点；

周五：上午5点；下午1点、3点；

周六：上午11点；下午7点、8点；

周日：上午7点8点；下午4点；

- 可以加入TikTok创作者小组，参与讨论，在Facebook上面有很多这样的小组。

第九章
EDM 营销

第一节 阿里巴巴国际站站内的EDM营销

一、正确建立客群

在阿里巴巴国际站上面，很多公司建立客群的方式都是错的。包括阿里巴巴国际站系统推荐的客群，也是错的。

客群管理的位置：客户管理—客群管理。

一般而言，公司的产品不止一款，不同产品针对的是不同客户群体。所以，需要按产品来划分客群。这么做，方便后面做EDM（电子邮件营销）的时候，有针对性地给同一个客群发送促销邮件。打个比方，如果你将宠物用品推给所有人，对非宠物行业客户而言，就是骚扰。

有两种建立客群的方式：新建固定客群和新建动态客群。

先说新建固定客群。

名称，根据你的产品写个容易理解的。

范围选择包括全部客户、公海客户和我的客户，根据需要进行选择。

描述，可以填备忘信息，以防自己忘记。

填好之后，点确定。

既然是按产品分类，那么最重要的是选择"采购品类"。比如，将礼品类的客户挑选出来，就选可以作为礼品的标签。

下面还有很多选框，可以根据你自己的需要来选择。最重要的，你要选择有邮箱的。

选好之后，下方会出来很多客户名单，都是按照你的条件过滤出来的，点击"全部添加"。

于是，这个礼品客群的名单就建立好了。

再说一下新建动态客群，也是根据一些条件来筛选，步骤基本一致。

之所以是动态，是因为自动选取最近180天的数据，是动态更新的。

起个好理解的名称，如"180天内宠物用品询盘"。点击创建，就完成了。

二、如何制作邮件模板？

最好是有营销活动目的之后，再有针对性地制作邮件模板。

比如，新贸节大促销、代金券、折扣券、秒杀、广交会、双11、新品上市大优惠、新出爆品、免费拿样品等活动。一定要有的放矢，每次都要为客户贡献价值。

第二节　站外EDM营销

一、站外客户邮箱地址从哪里获取？

如何从阿里巴巴国际站站内导出询盘过的客户名单？

先用主账号登录网页版阿里巴巴国际站，来到询盘界面。

之后选择"自定义时间段"。

现在，你需要将以往询盘客户名单都导出，整理到Excel表格里面。平台只允许你自动导出最近一年的。更多的名单，你可以选择手工导出。

二、站外邮件模板一

下面这封邮件的模板曾用于疫情期间开发洗手液客户。我很少用开发信做主动开发，因为有更好的方法。但是，疫情导致洗手液需求激增，所以，利用询盘客户名单，向他们发送开发信，成功概率很大。

邮件模板如下：

This company is making $5,000,000 from selling hand sanitizer（FDA）during the pandemic.

Dear ******,

You inquired me before about hand sanitizer.

Now there is a great opportunity that you don't want to miss.

As you know, the hand sanitizer sells very well since the pandemic.

One of your competitors from EUR just reordered 1,160,000 bottles of hand sanitizer from us.

We have FDA certificates for it.

If you are interested, please tell me. I will send you the quotation, photos, and the certificates.

Cheers,

Robert

Email：******

Cell Phone：******

WeChat：******

QQ：******

Guangzhou **** Bath&body Care Industry Co., Ltd.

Address：******

Alibaba Online Store: https://*****.en.alibaba.com

三、站外邮件模板二

换个标题，用于开发洗手液客户。

邮件模板如下：

20% OFF exclusive for New Client's hand sanitizer order（with FDA）during the pandemic.

Dear ******,

You inquired me before about hand sanitizer.

Now there is a great opportunity that you don't want to miss.

As you know, the hand sanitizer sells very well since the pandemic.

One of your competitors from EUR just reordered 1,160,000 bottles of hand sanitizer from us.

We have FDA certificates for it, and we are 3 Amazon top sellers' original manufacturer.

And we have an exclusive 20% OFF offer for New Clients.

If you are interested, please tell me. I will send you the quotation, photos, and the certificates.

Cheers,

Robert

Email：******

Cell Phone：******

WeChat：******

QQ：******

Guangzhou **** Bath&body Care Industry Co., Ltd.

Address：******

Alibaba Online Store: https://*****.en.alibaba.com

特别说明：

邮件的标题决定了邮件的打开率，正文当中你的offer决定了是否能够打动客户，邮件当中的"钩子"（往往是极具诱惑力的报价单、图纸、产品目录等）决定了是否能够吸引客户回复你的邮件。

四、站外邮件模板三

下面这个邮件模板，经过我的测试，打开率、回复率都比较高，但是，目的性不明确。也就是说，就算有个客户回复你，也只是索取产品目录，不会说明他具体需要哪款产品，离询盘都有距离，离成交更远。

但如果抱着长期心态，肯定是值得做的，因为你发出去的offer越多，机会就越多，毕竟贸易公司客户很多，它们需要拿着你的产品目录去开发它们的客户。

Re: ****, here is the Best-Selling *** product catalogue（PDF）you inquired

Dear ****,

You inquired us about **** on Alibaba before.

Now we have Top 2022 Best Sellers List（PDF）for you.

We are:

1. Manufacturer of Adidas shoelace, Fuji camera strap, Disney lanyard and luggage strap.

2. Manufacturer of Vans belt, Calvin Klein belt, Walmart and TikTok lanyard.

3. Verified by Alibaba and SGS certification, with 16 years of production experience in the industry.

4. Amazon top sellers' original manufacturer.

And we provide OEM/ODM services, with low MOQ.

We have a quick response system, with 7×24 support to you.

Free samples, E-catalogue, Quotation Sheet, and Factory Tour through video are available.

Please reply to me, if you need any of those, I am always at your service.

Robert

Email:sales@***.com

Mobile Phone / WeChat：******

We are:

1. Manufacturer of Adidas shoelace, Fuji camera strap, Disney lanyard and

luggage strap.

2. Manufacturer of Vans belt, Calvin Klein belt, Walmart and TikTok lanyard.

3. Verified by Alibaba and SGS certification, with 16 years of production experience in the industry.

4. Amazon top sellers' original manufacturer.

Dongguan ****** Co., Ltd.

Factory Address：******

特别说明：

1. 在Dear处一定要写客户的名字。

2. 在站外发邮件给客户，尽量留多种联系方式。

3. 以前，在邮件标题上用"Re:"，是因为这些客户都曾询盘过，现在等于是回复他以前的询盘，否则，这么做涉嫌违反反垃圾邮件规定。

五、站外邮件模板四

Re: ****, 6 reasons why Disney makes lanyards from this manufacturer

Dear ****,

You inquired us about **** lanyards on Alibaba before.

We are:

1. Manufacturer of Adidas shoelace, Fuji camera strap, Disney lanyard and luggage strap.

2. Manufacturer of Vans belt, Calvin Klein belt, Walmart and TikTok lanyard.

3. Verified by Alibaba and SGS certification, with 16 years of production experience in the industry.

4. Amazon top sellers' original manufacturer.

And we provide OEM / ODM services, with low MOQ.

We have a quick response system, with 7 × 24 support to you.

Free samples, E-catalogue, Quotation Sheet, and Factory Tour through video are available.

Please reply to me, if you need any of those, I am always at your service.

Robert

Email:sales@***.com

Mobile Phone / Wechat：******

We are:

1. Manufacturer of Adidas shoelace, Fuji camera strap, Disney lanyard and luggage strap.

2. Manufacturer of Vans belt, Calvin Klein belt, Walmart and TikTok lanyard.

3. Verified by Alibaba and SGS certification, with 16 years of production experience in the industry.

4. Amazon top sellers' original manufacturer.

Dongguan ****** Co., Ltd.

Factory Address：******

特别说明：

1. 标题当中出现Disney是关键，另外，需要出现客户所需的产品词lanyard，当然也少不了客户的名字。

2. 这个邮件模板刻意将背书部分加粗，用于吸引眼球，让客户打开邮件第一眼就能看到，吸引他读下去。

3. 另外，在邮件标题上用了"Re:"，是因为这些客户都曾找我询盘过，现在等于是回复他以前的询盘，否则，这么做涉嫌违反反垃圾邮件规定。

第三节　如何提升EDM的打开率和转化率？

从三个方面来提升：心法层面、技法层面、利用许可式EDM。

一、从心法层面来提升

很简单，为客户贡献价值。

第九章 | EDM 营销

如何贡献价值？可以提供如下信息：

- 行业新闻、行业趋势、贸易大数据；
- 爆款产品列表；
- 刚出来的新品，有可能会爆；
- 打折促销；
- 其他大买家的案例、故事；
- 行业展会信息；
- 行业分析报告；
- 超级优质的供应商（如果你有强大的背书，直接发背书给客户）；
- 免费拿样，免费领取 Best-seller Catalogue（畅销品名册）等；
- 商品评论；
- 其他高价值的资料。

如果你要强硬推销，也必须提供一个充足的购买理由。

我经常接到推销电话，有推销商标注册的，有推销 Google 广告的，还有推销 B2B 平台会员的，等等。还有读者给我发私信，说想一起合作。我还是比较开放的，什么都可以谈。

但是，给我推销的人当中，99% 都有个问题：没有给出一个合作的理由。

你向我推荐你的货代服务，你都没有给我一个合作的理由，我怎么可能轻易就合作呢？彼此都是陌生人。你需要告诉我你的卖点，要么是价格优势，要么是服务更周到，等等。

你向我推荐你的工厂，想让我把手上的老客户都弄到你的工厂去做货，但没有给我换厂的理由，这怎么可能呢？你要么直接打个 9 折，要么先把样品做出来，要么亮出自己的众多认证报告和大品牌客户加强背书，这样或许还有一点希望。什么理由都没有，什么方案都没有提，就这么生硬推销，那就等于是碰运气，因为就算你这么推销，客户依然会拿你和同行做对比。

所以，一定要想方设法为客户贡献价值。要时刻站在客户立场上思考，这件事对客户有什么好处，不能自说自话。

二、从技法层面来提升

技法层面，有很多方法。

比如：

- 标题加上"Re:"让对方知道你在回复他。这样的标题适合回访、跟进曾经在阿里巴巴国际站上面找你询盘过的客户。他曾询问过你，你现在回复他。如果发给陌生人，期待邮件有更高的打开率，这样写就违反了相关规定；
- 标题中出现对方的名字；
- 邮件正文开头再次出现对方的名字；
- 正文部分贡献价值；
- 正文建立信任感；
- 正文加上公司背书；
- 邮件底部呼吁行动；
- 邮件底部加上"钩子"，让客户回复你；
- 邮件签名处加上公司背书；
- 一对一个性化发送；
- 第一封邮件当中不要加图片，也不要加附件，除非是许可式邮件；
- 发送频率不要过高，一切以贡献价值为导向；
- 发送邮件的服务器要强大，保证到达率，不至于大多数邮件发过去直接进入家的垃圾信箱；
- 邮箱地址准确，是最新的；
- 勤于分段，多空行，重点内容要加粗标红，用小词，不要用大词（有些非英语母语地区的客户，英语水平比你的差得多，你用大词人家看不懂）。

三、利用许可式 EDM 来提升

许可式 EDM 的转化率最好，为什么？

经过大量实践，人们发现，给陌生人批量发送邮件，效果微乎其微。于是，产生了许可式电子邮件。也就是人家订阅过你的邮件序列，你再给他们发邮件、做营销，效果会好得多。

许可式 EDM 的流程是这样的：

1.输出高质量的内容；

2.在内容里面提醒用户订阅你的邮件序列；

3.利用邮件序列持续不断地给用户推送高质量的内容，积累用户对你的信任；

4.时机成熟时发推销信，推销产品或服务。

这么做之后，转化率将大幅度提升。

如果是针对陌生流量来销售产品，转化率可能只有 3‰，而对于订阅了邮件的用户来说，转化率甚至可以达到 30%，简直是天壤之别。

核心在于，你推送给用户的邮件序列，起到了这么几个作用：

- 持续不断地给用户贡献价值，让用户对你充满感激，还产生了一点亏欠感；

- 积累了信任感、好感；

- 得到了很多次反复和客户沟通的机会。

目前在国外，这是主流做法，还非常流行独立站结合邮件序列的做法。独立站结合邮件序列，是打造自己私域流量池的最佳方法。

腾讯很多年前就上了一个叫作"QQlist"的工具，让我们可以收集自己的邮件订阅用户，实现许可式 EDM。任何人都可以去申请 QQlist，申请之后你会得到一段代码，你把它挂到自己的网站或者博客上面，就会出现一个订阅框，任何人输入他的邮箱，点击订阅，就可以订阅你的邮件序列，然后你就可以用 QQlist 来给他发送邮件了。

后来 QQ list 停用了。为什么？因为它转型了，转变成了现在的微信公众号。它们的核心逻辑是一样的。

微信公众号也是让大量的用户关注自己，然后定期或不定期地给他们推送高质量的内容，积累了足够的信任之后，再进行推销。

明白了EDM的来龙去脉，接下来我们探讨一下，外贸人如何做EDM，效果最好？

将B2C跨境电商与B2B外贸分开来分析。

第一，B2C跨境电商如何做EDM？

如果是做B2C跨境电商，可以直接借鉴国外的模式，用订阅框去收集订阅用户，然后定期或不定期地给他们推送高质量的内容。

时机成熟时，就给他们做一次促销，发一些优惠券或者做秒杀活动，会有大量的成交。

因为C端消费者，往往会冲动购买，特别是已经建立了信任，并且有限时秒杀、限时赠品的营销策略。

这些订阅用户都是你的资产，取之不尽、用之不竭，他们不会轻易取关。只要你持续不断地给他们贡献高质量的内容，他们就会一直关注你，一直看你的内容。你就会有无尽的机会和他们沟通，在沟通的时候你有无数的机会提示他们，你最棒的产品是什么、什么时候有优惠、什么时候会做活动，等等。最后，集中销售。

其实，现在直播带货的底层逻辑就是这一套逻辑。

第二，B2B外贸如何做EDM？

如果是做B2B外贸，情况就复杂一点了。当然你也可以采用邮件序列的方法来做。只是，B2B生意，你面对的是商家。他们或许是创业者，或许是采购人员，或许是企业老板，时间和精力有限，你为他们推送高质量的内容，他们未必有时间看。

这个时候，就需要你设计不同的内容，设计他们感兴趣的内容，这样他们会抽出时间来看。

B端客户最关心的内容依次是：

- 优惠、折扣；
- 其他买家案例；
- 商品评价/商品类信息；
- 行业新闻/行业趋势；

- 贸易数据/价格指数；
- 行业洞察；
- 供应商评价/供应商类信息；
- 贸易知识；
- 分析报告/白皮书；
- 展会信息；
- 贸易服务介绍；
- 行业活动；
- 其他。

其中，小买家更关注优惠折扣等信息，大中型买家更关注行业新闻、行业趋势和贸易数据。

所以，你可以时不时地推一些打折促销信息，告知客户每天出来了什么新产品、新款式？什么产品最畅销？什么产品最能为他们赚钱？原料价格未来会不会涨？要不要提前采购？

你给客户提供这种行业资讯，他们就会非常有兴趣。在这些资讯当中植入你的广告，他们就读得进去。不然，你唐突地给他们发送推销信，他们会本能地抗拒。

当然，有少数行业是特例，这里我们只讨论一般行业。

第四节　EDM 的经验

1. 部分欧美国家有相关的法规，未经允许，不能群发邮件，这样会对人家构成骚扰。这一点需要特别注意，不然会被罚款，罚款金额甚至可达四万多美元。

2. 需要一对一个性化地发送给客户。比如，根据客户曾经咨询过的产品，推送适合他的产品。

3. 签名处不要加上自己的阿里巴巴国际站网店的地址。为什么？因为客户肯定会做基本的背景调查。

客户点击进入阿里巴巴国际站，就会在阿里巴巴国际站平台上面找多个商家进行比价。他就不一定找你了，也多半不会回复你的邮件。

所以，千万不要画蛇添足，这样会让客户自动陷入联合评估。除非你的阿里巴巴国际站背书极强，根本不怕客户拿同行和你比较。

4. 第一封陌生邮件，很容易进入对方的垃圾信箱，因为最开始你与客户之间是陌生人关系。

国外的邮箱防火墙很厉害，会自动屏蔽推销信，因为有太多外贸人群发邮件了。

所以，第一封邮件里面，不要加入太多敏感词，不要加入太多超链接，不要加入太多附件。这些都容易导致邮件直接进垃圾信箱。

5. 发送出去的邮件，效果会滞后。

6. 发送出去的邮件，可以用"回执""邮件跟踪"功能来做监测。

7. 可以借用工具 MailShake 来做邮件营销，将姓名、地址、感兴趣的产品设置为变量，实现批量发送个性化邮件的效果。

第五节　EDM 的陷阱

一、违反反垃圾邮件相关规定

做外贸、做跨境电商的，都必须知道反垃圾邮件相关规定。如果你胡乱群发邮件，有可能被罚款。

这里，我来帮你解读一下。

1. 不要使用误导信息。

我在培训外贸团队的时候，都会这么教他们：在邮件的标题开头写上"Re:"，能给人一种错觉，让收件人觉得他之前给你发过邮件，现在你是在回复他，以此增加邮件的打开率。这确实能增加邮件的打开率，但是，也违反了反垃圾邮件相关规定。

2. 不要用欺骗性的标题，标题要如实描述正文内容。

3.明确标明你的这封邮件是不是广告。这有点类似于现在微信公众号官方对作者的要求。它要求公众号作者，如果写的是一篇软文，就必须在标题开头标明"【推广】"等字样。目的一样，都是保护消费者。

4.告知收件人你的物理地址。

5.明确给出一个不再接收类似邮件的选项，让收件人可以据此很方便地取消订阅你的邮件，或很方便地告知你不希望再收到你的邮件。你发送的邮件当中，必须给收件人这个选项，他们有选择的权利。

6.及时处理收件人取消订阅你的邮件或不想再收到你的邮件的请求。你在邮件中提供的退出选项，有效期至少要有30天。当收件人点击取消订阅或不想再收到邮件的链接的时候，你必须在10个工作日内履行他的退出请求。

7.如果你是请第三方营销机构、广告公司帮你发送邮件，你们双方都要遵守该规定，否则双方都要承担责任。

二、其他陷阱

（一）不小心引导客户进入联合评估

在邮件的签名处加上自己阿里巴巴国际站的网店地址，这么做需要慎重，需要灵活处理。因为阿里巴巴国际站网店虽然可以为你背书，但有利有弊，可能会让客户自动陷入联合评估，在阿里巴巴国际站上面比价。

（二）买卖客户名单是违法行为

基于隐私保护条例，买卖客户名单是违法行为。

第六节　EDM 的局限性

虽然本章我在讨论EDM，但是我并不喜欢用邮件去开发客户，主要是因为还有更好的方法去开发客户。

可以将 EDM 与大 SEO 策略进行对比。

一、EDM 与 SEO 在获客上的差异

前文我已经重点探讨过推荐引擎和搜索引擎的差异。从搜索引擎过来的流量，转化率要远远高于从推荐引擎过来的。上门的生意好做。

SEO 代表搜索引擎流量，而 EDM 代表推荐引擎过来的流量。

把这个逻辑用到外贸领域，我们再来看一下 SEO 与 EDM 在获客上的差异。SEO 可以让客户主动找上门。客户在采购的时候，往往需要搜索，你就在他准备搜索的地方提前布局好。EDM 呢？先收集大量的客户名单，然后给他们群发邮件。水平高一些的人会精心设计高转化率的文案，做到一对一个性化发送。

二、EDM 的效果

实际上，我是不鼓励针对陌生人做 EDM 的。一方面，你的名单不精准，而且你手工做了该由推荐引擎做的事情；另一方面，我们所有人本能地抗拒推销邮件。此外，这种做法很容易违反反垃圾邮件相关规定。

我推荐做许可式 EDM。这也是国外主流的邮件营销方式。

认真思考一下，你会发现微信公众号与邮件订阅模式几乎一样，都是创作者一对多地发送消息给订阅用户。因此，我一直参考微信公众号的打开率、点击率等数据。

微信公众号的平均打开率在 2% 左右，一些黏性特别高的号可以做到 5% 以上，算是非常不错了。这相当于，如果你有 10 万订阅用户，推送一条消息，有 5% 的粉丝，即 5000 人会打开阅读。

在粉丝数还比较少的时候，我的公众号阅读率一度达到了 40%，这是在没有转发朋友圈和微信群情况下的自然打开率。后来，粉丝稍微多一点，我的阅读率也下降了很多，5% 左右，偶尔能达到 10%。

三、SEO 的效果

SEO 的效果又如何呢？

我曾花2个小时左右的时间，在2个B2B平台上发了17个产品，几年过去了，每个月都还能给我带来十来个询盘，有的质量还非常高。

SEO可以让客户主动找上门来和你谈生意。既然他都已经主动找上门了，就表明了他的强烈意向。

综上所述，我看好SEO，不看好针对陌生人的EDM。如果是许可式EDM，我觉得还是非常值得做的，因为是客户主动订阅了你的邮件序列，你就有了无数次和他沟通、向他推销的机会。

第十章
内容营销案例分析

第一节　案例：利用内容营销轻松获得洗手液大额订单

疫情期间，与防疫有关的产品都异常火爆，几千万、上亿元的订单非常常见。

虽然一般的企业不能做防疫物资，但是与卫生健康有关的一些产品可以做，比如洗手液。受疫情影响，洗手液也突然变得异常火爆，上百万美元的订单都很常见。

我这个行业很多人都接到过大额订单。

我的很多读者基本上都运用了本书当中提到的大SEO策略，轻轻松松就接到了大额订单。虽然说接到大额订单，运气的成分很大，但是也离不开内容营销当中的大SEO策略。

有些国家对于进口监管得比较严，你必须取得相应的认证报告。比如要出口美国，必须获得FDA（美国食品药品监督管理局）的认证报告。如果工厂那边有FDA的认证报告，获取洗手液订单就会变得相当容易。

你在找客户，客户也在找你。

发布产品做内容营销的时候，在产品的标题和关键词部分，你要精心布局FDA这个词，因为客户一定会搜索FDA。这个词自带流量。

虽然说有很多没有FDA认证报告的企业也会发布这个词，以便蹭到流量，但是如果它们没有打通供应链，就只是陪跑的。

根据"货比三百家"理论，客户一定会找到你。

同样，你可以在发布产品的时候，布局 RoHS（《关于限制在电子电气设备中使用某些有害成分的指令》）、UL（美国一家检测认证机构）、REACH（化学品注册、评估、许可和限制）这样与认证报告相关的关键词，因为这些词自带流量，很多大客户都需要认证报告，他们在搜索的时候，就会用这些关键词去筛选供应商。

由此可见，大 SEO 策略处处都用得到。

第二节 案例：B2B产品独立站内容营销

很多 B2B 行业都不为我们所熟知，因为我们是普通消费者。

就算我们的工作属于 B2B 行业，我们一般也只熟知一两个 B2B 行业。

所以，在 B2B 领域，一些做得特别好的品牌和公司，我们甚至有可能听都没有听过。

比如，华为主营业务是什么？

哪怕华为如此有名，能回答出这个问题的消费者还是很少。

就是因为它的主营业务是 B2B。

下面，我以干冰清洗机行业为例，来分析一个内容营销的成功案例。

一、核心关键词自然排名第一

搜索干冰清洗机的核心关键词"dry ice blaster"，排名前两位的独立站是 Cold Jet 和 Kaercher 这两个国际品牌。

第一位是 Cold Jet，国际知名品牌，它在独立站内容营销这块的投入很大。

单单"dry ice blaster"这个词，预计每个月就可以为该网站带来 2951 个精准流量。

而且，SEO 带来的自然流量，非常稳定，可以持续好多年。

二、Cold Jet 的详细流量数据

我们用 SEMrush 工具挖掘一下 Cold Jet 的详细流量数据。

Cold Jet 官网的权重得分是 44 分，每个月的自然流量就有 28.6K，这都是靠 SEO 获取的，它每个月还购买 4.8K 的流量，反向链接（可以粗略理解为外链）一共有 14.9K。

Cold Jet 官网 28.6K 的自然流量都是免费的，等于为它节省了大量的广告费。

这些关键词的点击单价普遍都在 1 美元以上。

做好 SEO 内容营销，每个月可以获得大量的自然流量，近似于一劳永逸。

三、Cold Jet 官网的外链

为什么 Cold Jet 官网可以获得这么多的自然流量呢？

因为它的外链特别多，一共有 14.9K。

而且这些外链 73% 都是 Follow 型的。

你可以将 Cold Jet 的外链都导出。

既然这些网站愿意给 Cold Jet 做外链，或许你也可以让它们给你做外链。特别是一些新媒体平台，你可以自己注册账号，在上面输出内容，顺便给自己做外链。

当然，除了外链，SEO 的成功离不开高质量的内容。

四、Cold Jet 的内容

Cold Jet 高质量的内容体现在哪里呢？

1.Cold Jet 的官网将所有的产品应用领域都列出来，针对每个应用领域专门输出内容。客户看到之后，会产生共鸣。他能看到他自己行业的痛点，以及你提供的解决方案。

同时，它的 YouTube 频道里的视频内容，不仅按照具体的应用领域进行了分类，而且每个视频都配音、配乐、配字幕，内容质量非常高。

而本书中提到的干冰清洗机生产工厂发布的视频都没有配音、配字幕，还非常不清晰，这就形成了差距。

另外，Cold Jet的视频多让真人出镜，让客户做见证，拍摄客户作业现场，这些可以很快建立客户对公司的信任。

2.Cold Jet针对不同国家（地区）设了二级域名的多语种的子站。

我们在它的官网就可以看到，Cold Jet官网有中文版，有日文版；有波兰的，有德国的，有美国的（默认）。

这里，Cold Jet用到了本书中提到的一个内容营销的策略：翻译。

也就是将同一篇内容，翻译为其他语言，等于马上多出了一篇内容。

五、建立新媒体矩阵

仅仅在YouTube上，Cold Jet就有多个频道，分别针对不同国家（地区）、不同语言的市场。

当然，除了YouTube，Cold Jet也同时入驻了很多其他的新媒体平台，比如Facebook、LinkedIn，等等。

特别是在LinkedIn上面，Cold Jet同时开了很多国家（地区）的子账号，形成了新媒体矩阵。

第三节 案例：B2C内容营销做虚拟产品

我们来看一个新的TikTok账号是如何快速逆袭的。博主将Excel网课卖到997美元的高客单价，并实现了日营业额10万美元以上。

这个账号名字叫Miss Excel，2020年6月开通，到目前为止，在TikTok上已经有84万粉丝，还在持续增长。

博主名叫Kat，主要提供Excel教学。她的变现方式是售卖Excel网课及其他与办公软件Office相关的网课，售价非常高，最高的一个套餐价格是997美元。

效果非常不错，有时单日销售超过10万美元。她卖的是虚拟商品，毛利非常高。

那么她是如何成功的呢？有哪些经验和教训值得学习和借鉴？

其一，抓住了新媒体平台TikTok的风口。TikTok是一个巨大的风口，在上面输出内容的创作者的数量远远少于国内的抖音，但是用户数远远大于抖音。

当前，在这种内容平台上面，高质量的内容供不应求。在风口上做内容营销，事半功倍。博主Kat第4个视频的播放量就超过了10万。

其二，极具辨识度。在新媒体平台上面，要想得到用户的关注，需要极大的辨识度。注意，是极大的辨识度，而不是一般的差异。

Kat是怎样塑造极大的辨识度的呢？舞蹈和Excel教学相结合。舞蹈和Excel教学两个毫不相关的活动，Kat将它们强行结合，放在同一个视频当中，一边跳舞，一边教学。

这就立刻引起了很多用户的关注，一下子从同类账号当中脱颖而出。

她塑造的这种辨识度看上去毫无意义，但是这种新、奇、特的东西就是能打动用户，吸引用户的注意力。

（一）巨大的市场

Excel网课在很多平台，比如在Udemy上面，都是爆款。使用Excel几乎是所有办公人员必备的一个技能。市场是无限大的。

尽管网上有大量免费的Excel教程，尽管绝大部分人不会花钱去购买这样的网课，但是总有一定比例的人会购买。特别是当课程定价不高，或把多门网课打包起来一起售卖，并打出一个超值的价格策略的时候，很多人就会购买。

（二）心态开放

绝大部分人不敢在网上露脸，不敢出镜去输出内容，主要是因为害怕。害怕失败，害怕被人议论，害怕被人嘲笑。Kat之所以能够成功，很关键的一点在于她打开了自己的内心。也只有彻底打开自己的内心，才能在Excel教学视频中尬舞。

不要太在意身边人的看法。Be open and be yourself（保持开放心态，做你自己），这也是做视频营销的时候最关键的一环。

（三）解决了内容源问题

做自媒体，有无数的方向可供选择。事先选择一个永远不缺内容的方向，那么，你从一开始就解决了内容源的问题。

Excel 和其他 Office 软件相关的话题就是这么一个方向，永远不缺内容。

（四）持续输出

做自媒体，持续展现自己，持续地输出内容，非常重要。Kat 都做到了。

也正是因为 Excel 和其他 Office 软件相关的话题永远不缺内容，所以，她可以做到持续不断地输出。

第四节　案例：外贸 KOL 如何建立外贸人脉圈子，吸引资源？

这篇文章是用来回答读者这个问题的：做外贸怎么开始？如何开发客户？

既然问出"做外贸怎么开始？如何开发客户？"这样的问题，那么我可以推断提问的人既没有进外贸公司，也没有进工厂做外贸业务员，而是想自己做外贸生意。

如果是这样，我建议你先去工厂做一阵子外贸业务员，主要目的是学产品知识，熟悉产品的生产流程。

你有所不知，做外贸，买比卖更重要！

"买比卖更重要"是我做外贸多年来总结出的一条宝贵经验。理解了这个，你就是站在了一个老板的高度，而不是一个外贸业务员的高度了。

什么叫作"买比卖更重要"？

换言之，就是有个好供应商比开发客户更重要！

为什么这么说？

我这边从来都不缺客户的询盘，发愁的是如何把客户要的产品做出来。

有太多产品、大单，是因为我没有好的供应商，我接触的工厂都做不出来，导致生意没做成。

如果你有个好供应商，它有几个很独特的产品，能给你足够低的价格，你就很容易开发出客户。

因为客户的采购量很大，属于理性决策，他们往往会"货比三百家"，如果你的产品不够独特，也没有价格优势，客户凭什么选你？

一个工厂就靠一款产品，一年赚几十万到几百万，这样的例子，我见过太多太多。

有不少小工厂，研发能力不算牛，但是，有的产品就它们能做，其他工厂做不了，它们就可以一直赚，而且是赚很多年。

因为外贸客户往往会不断地返单，一年下三四次单，有的甚至会合作十几年，直到他做的产品不赚钱了。

就算后面其他工厂也可以做这个产品了，客户也不会轻易换工厂，一是有模具费，二是有信任基础，三是不会为了一点点让利就随便换供应商，有风险。

所以，买比卖更重要。

既然理解了"买比卖更重要"，那么接下来要怎么做呢？

1. 做外贸，你得选一个好的行业。

为什么？

在一个持续快速增长的行业，就算你的水平一般，业绩也可以伴随行业的增长而增长。

你想想早些年买房的那些人，他们真的是有心看涨房地产，所以高瞻远瞩做投资的吗？不是，只不过踩到了风口而已。

不只一个做外贸的老同事和我说，2009年之前，在平台上随便发个产品，就会不断有客户过来问，忙都忙不过来。

现在，情况就不同了。

现在外贸出口总体放缓。

你要做的，就是选择依然还在增长的行业，去做这个行业的外贸。

怎么选一个在持续增长的行业呢？

一是看数据。

比如，可以去国家统计局网站上看数据，也可以在百度上搜索各种数据。

再比如，阿里巴巴国际站上面有6个月的线上走货的总金额，你也可以参考一下这个数据，尽管很多企业不从线上走货，或只把小单拿到线上走货。

二是咨询业内人士。

比如，我留意到不少阿里巴巴国际站的客服经理工作了几年之后，竟然经受不住诱惑，跳槽出来做外贸。

你可以留意一下，看他们选择的是什么行业。他们在阿里巴巴国际站做客户经理的时候，管理多个工厂或外贸公司，有大数据，知道哪个行业好做，哪个行业在增长，哪个行业有暴利，等等。

2. 选择好行业之后，选择几个好供应商合作

有的供应商非常给力，不会挖你的客户，还免费给你提供产品图片，甚至免费给你提供阿里巴巴国际站平台。

如果都靠你自己去弄，还是挺麻烦的，阿里巴巴国际站平台基础年费就是29800元。

有的供应商研发能力强，很多产品都能做出来。而且，有的外贸公司非常配合你，会给你一个低价，让出足够的利润空间。

3. 选择好的产品做

不是所有产品都好做。

有的出口产品毛利率在70%以上，有的才20%。

有的产品价格非常透明，比如一些原料类的产品，你去做，除非有绝对的价格优势，不然很难接到订单。

有的产品，因为更新换代特别快，比如科技数码类产品，刚出来的时候，价格不透明，你可以猛赚一笔。营销专业的说法叫"撇脂定价"。

有的产品，非常个性化，客户也不好比价，比如一些玩具，每个玩具的

样子都不同，客户看中了你的一款玩具，由于没地方比价，你就可以报一个高价。这样的产品也比较好做。

以上工作都准备好之后，接下来，你就需要找一个好的平台去开发客户了。

我留意到，不少人谈到开发客户的渠道，都是泛泛而谈，没有重点，其实等于没说。

因为你的资源有限，你的时间和精力有限，只能重点开发一两个渠道。

而且，真正有效的渠道，一两个就足够了。

我接触过的好几个小工厂，一年做2000万~3000万元，90%以上的业绩都是来自同一个渠道。

选择什么渠道去开发客户呢？

我先说说这当中的几个坑：

1. 群发邮件

现在，很多外贸业务员都喜欢在国外网站上搜索客户的邮箱，然后给他们群发邮件。

他们管这种做法叫发开发信。

这种方法有效吗？没有。

为什么呢？还是那句话，"无信任，不成交"。

群发邮件，开发客户，做的是推荐引擎的工作。

但是，这种人工推荐引擎，跟抖音比，有天壤之别。这种人工推荐引擎，非常不精准，等于是在大街上发传单。

他们搜集的那个邮箱地址是采购负责人的吗？

就算有小部分邮箱地址刚好是采购负责人的，人家每年3月份和9月份各采购一次，不分时间、不分场合，一封开发信发过去，等于是骚扰人家，人家会把你的邮件当成垃圾广告，甚至直接把你拉黑。

就算你发开发信的时机非常好，人家刚好准备采购，但是，人家凭什么选你？

B2B的生意，都是理性决策，要"货比三百家"，人家都要综合考虑的。

我用正规的企业邮箱，给我的老客户发正规的邮件，偶尔也会被"误杀"，直接进对方的垃圾信箱，导致客户收不到我的邮件。

综上所述，通过群发邮件，哪怕偶尔能开发出一个客户，那也是瞎猫碰到死耗子。

你也可以想一下，你每天接到那么多推销电话，有几个成交了？

2. 流量陷阱

做外贸之前，我一直在互联网领域创业，创业是主业，在大学教书反而成了副业。

我做过SEM（搜索引擎营销），做过SEO，当然也做过EDM，所以，我自认为对流量的理解还可以。

一位在互联网大公司长期写代码的读者找到我，说他准备用SEO的思路去获客，做跨境电商，因为他自认为对SEO了解非常深刻。

直到他看了我分享的关于做SEO的思路，他觉得实在是太颠覆他之前的想法了。

下面我简单说说我对"外贸流量"的理解。

做外贸属于B2B，所以，要获取B端的流量，而不是C端的流量。

如果你听从推销员的建议，去投Google广告，获取的流量很多都是C端的，所以，如果你贸然出手，只会浪费钱。

当然，Google上也有B端的流量，但是，绝大多数都是小企业。订购量在2~3个或20~30个，批发100~200个这样的。

而做外贸，起订量往往是5000个或10000个，所以，小企业根本不是你的客户。除非，你的产品价值很大，起订量哪怕只有1个都可以做。

我身边就有这样的工厂，一个产品就可以赚3000元以上，所以，它们的起订量是1个，这种情况，去投Google广告是可以的。这相当于B2C跨境电商，不属于传统外贸。

相对于Google的流量，专业的外贸平台，比如阿里巴巴国际站、环球资源、中国制造网这些平台的流量，就好一些。

为什么呢？因为这些平台的流量经历过一次过滤，已经把很多C端流量和小企业流量过滤掉了。

到这些平台上来的大部分流量，都是有点儿意向的B端流量。

所以，与其在Google这样的平台上做竞价，不如在这些外贸平台上做竞价，筛选出更加精准、意向更强的流量。

除了2C流量和2B流量的差别之外，还有流量属性的问题。

什么是流量属性问题？

打个比方。

一个讲脱口秀的，有100万粉丝，他去推一个知识付费课程，只有不到100人买单。另外一个做知识付费的，只有1万个粉丝，他推知识付费课程，竟然有900人买单。

这还不算稀奇，稀奇的是，后者的1万个粉丝，完全是前者100万个粉丝的子集，因为后者是前者用"大号带小号"带出来的。

可能有读者会怀疑，这两个数据是不是杜撰的？

肯定不是。

怎么解释100万粉丝只有不到100人买单，而1万粉丝就有900人买单这种现象呢？

有时候，提出一个高价值的问题，比寻找一个好的解释或解决方案还要重要。所以，如果你能提出上面这样的问题，主动思考，价值就挺大。

你可以先自己思考一下，然后再看我下面的解释。

这个问题，说白了，还是流量属性问题。

QQ的流量是社交属性，百度的流量是搜索属性，淘宝的流量是购物属性。所以，去淘宝的，多半是带着购物目的的，而去QQ和百度的流量，就没有这个目的，所以强推购物，推不动。这就是差别。

在Google上面，很多流量的属性是搜索资讯、图片，连网购属性都比较少，因为要网购的用户会直接去亚马逊这样的电商平台，更别提B2B的采购属性了。

纵然Google上面有一小部分带有B2B采购属性的流量，但是，他们在Google上面搜索，就表示目前正处于查找资料、了解信息的阶段。你这个时候投竞价广告把他们吸引过来，也没多大用。

所以，同样搜索一个关键词"精美香水瓶"，在Google上，用户可能是想找资讯、找图片，在阿里巴巴国际站，用户可能是想找工厂，这就是区别。

在Google上做SEO倒是可以，特别是当你自己或你公司有人懂怎么来做。

SEO带给你的流量越多越好，哪怕很杂，2C和2B流量都有，也没关系。

做SEM，你付出的是变动成本，每个点击都要付出成本；而做SEO，你付出的基本是固定成本，流量自然是越多越好。

而且，不论是你的官网，还是阿里巴巴国际站网店，都存在"点击提权"的算法。

"点击提权"是什么意思？

你的官网和阿里巴巴国际站店铺的点击量越大，就表示越受欢迎，在搜索结果页面的排名会越靠前。

所有的搜索引擎，无论是Google、百度，还是阿里巴巴国际站内置的搜索框，都会把更受欢迎的页面排在前面。

如果你是搜索引擎的程序员，也会这么设计算法吧。

第五节　案例：没有外贸部门的工厂，如何让大量贸易公司主动找上门？

这篇内容是用来回答这个问题的：为什么1688大部分商户几乎没有销量，像空城一样？

1688店铺，看上去与外贸没有什么关系，但是因为我当初开1688店铺主要是为了对接外贸公司，所以也可以看成是外贸主题的。

我开了1688店铺，也开了英文站店铺。

开1688店铺3年了。

据我所知，单靠1688开店，一年几千万营业额的小工厂，有一大把。

看似没有销量，实则在闷声赚钱。

举几个真实的例子：

1. 我老东家

它主要做出口订单，同时开了4个1688店铺，用来对接外贸公司，工厂90%以上的订单都来自1688。

它也开了阿里巴巴国际站店铺，但是，这块的订单比较少。

2. 与我合作的一个工厂

我是这个工厂的外贸合伙人。

它也开了1688店铺，但是，没人打理，一共才发了10来个产品，还是随便发的。

没有打理过，除了每年续费6680元。

好多年了。

偶尔，店铺的产品自动下架，它也是3个月之后才发现，要不是那些做代运营的打推销电话给它，它都不知道。

这个现象，确实比较搞笑。但是，在1688平台上，这很普遍。

纵然如此，它的订单还是多到接不过来。

我的阿里巴巴国际站外贸直客这块的询盘，刚达到起订量的小单找它报价，它都爱答不理，因为它只重视大单，小单顾不上。

1688是收费平台，2017年开始，年费从之前的3680元上调为6680元。

上调之后，平台上的商户几乎没有反对的，为什么？合理。

如果平台上面的商户不赚钱，平台涨价能涨得这么强势？

为什么会出现大部分商户都没销量的现象？首先，你需要知道1688平台上面有哪几类商家。

实际上，1688平台上面包括了下面几类商家：

1. 工厂

2. 批发商

3. 品牌商

4. 虚拟工厂

5.提供物流、认证等服务的服务商

我自己的店铺属于哪类呢？

经常有推销打电话给我，邀请我入驻什么电商平台。

我都会回复他："我不做批发，也不做零售，所以入驻不了，谢谢。"

说完，我往往会听到这个推销员在电话那头结结巴巴，可以想象到他目瞪口呆的神情。

他内心的独白可能是："你不做批发，也不做零售，那你做什么？"

难道是工厂？

对不起，也不是工厂。

我之前办过一个小工厂，但是我的技术合伙人技术上不过关，很多产品做不了，后来我就把生产剥离，只做贸易了。

真实的情况是：我不做批发，也不做零售，也不是工厂，我只接生产订单，委托给工厂定制生产，主要面向外贸出口。

我开1688店铺，也不过是为了对接外贸公司，找到这群客户。

所以，我的店铺属于第4类，虚拟工厂，轻资产模式，这种商家在1688上面是最少的。

了解了1688平台上面有几类商家之后，你还需要知道它们各自的特点，因为是这些特点导致了大部分商家几乎没销量这种现象。

1. 工厂的特点

它们在1688接生产订单，起订量比较大，我这行普遍是5000个起，低于5000个的订单不接，因为没法做货。

我店铺里面的起订量，是我刻意写低了，好吸引客户来问，但也得要2000个起。

工厂普遍不备库存，小部分做自有品牌的除外。

2. 批发商

批发商的起订量比较小，很多是2个起批。

批发商会备库存。

3. 品牌

品牌在1688上开店，是为了做分销，招募代理。

很多小品牌的起订量也比较小，往往是两三个起批。

品牌会备库存。

4. 虚拟工厂

我和一家工厂一样，只不过，我和工厂是战略合作。

我只接生产订单，然后交给工厂做货。

所以，我是不备库存的。

而且，我店铺的起订量是2000个。

5. 提供物流、认证等服务的服务商

我的好几个货代都在1688上面开店，有的已经10来年了。

你可能会问，它们为什么不开淘宝店，或自己做个网站？在1688上面开店，每年还要交6680元年费，这是为什么？

没人是傻子，有利可图才会持续开店。

最后，我们来分析一下绝大部分没有销量的原因。

1. 工厂，因为没有库存，所以，线上只能交易几个样品，而几万元到几十万元金额的大单，工厂更愿意走线下。

走线下，按惯例，工厂可以提前收到30%的定金，用于生产大货的资金周转，收齐70%的尾款之后，以出厂价完成交易。

如果走线上，工厂不但不能立刻拿到定金（以前一直是这样，不知道现在情况怎么样），还需要自己垫资生产，做好之后发货，客户收到几十万的大货之后，如果发现货物有问题，拒绝付款，或要求赔偿，这势必导致纠纷。

做得牛的工厂，非常强势，谁给你走线上？人家订单都做不过来。排单都要排到一两个月之后了。

2. 做得牛的品牌更是如此，也非常强势，先款后货，经销商先给钱，还要排队，排好久才能拿到货。

3. 只有批发商和小品牌愿意走线上，它们的单子金额不大，可以冒这个风险，毕竟物流途中出问题或恶意找茬的买家是少数。另外，在线上交易，

有了成交记录，会更有利于它们的店铺在搜索结果页面的排名。

其实，从线上走货，是1688官方的愿望，它希望获取这些数据，来补足它的大数据。

有人也许会问，一个工厂一共才发10来个产品，还一直不管，但是订单多到接不过来，有可能吗？

请注意：我没有说过，那家工厂是靠这个1688店铺，所以订单接不过来。

事实上，它是因为订单接不过来，所以才没有时间打理1688店铺。不要倒果为因。

它只是把这个1688店铺当成自家的一个官网而已，偶尔会有外贸公司主动搜索它公司的名字，找到它的联系方式。

这里我说一下它的做法：依靠1688，通过低价或优势产品，初步积累一些贸易公司客户。

这些贸易公司客户和你的工厂合作，利润大，于是，整个贸易公司都帮你跑单。

一个贸易公司就是一个团队，有的还是一个大团队，比你自己招两个业务员跑单厉害得多。

试想一下，如果这样的贸易公司客户，你积累50个，甚至100多个，会是什么情况？

你工厂光靠贸易公司的订单就忙不过来了，是不是这个道理？

这也是我说，为什么有的工厂没有跑业务，订单也接不过来。

至于工厂最初是怎么和贸易公司对接上的，很大一部分功劳就是1688的。

1688店铺最开始帮你的工厂和贸易公司牵了线。

要知道，贸易公司不是一锤子买卖，而是会持续不断地帮工厂接单。

不同商家在1688上开店有不同的目的，所以会有不同的做法。我写此文，也是和大家一起探讨，尽量多分享一点有用的。

其实，一直以来，在1688上赚到钱的人很多。我敢说，做1688店铺比做淘宝赚到钱的比例高得多。只不过，一个是2B，一个是2C。2B注定没有2C那么热闹。

第六节　案例：创业 3 年，仅靠一个视频火爆全网，10 亿美元被收购

这是一个非常传奇的案例。传奇在哪里呢？

Dollar Shave Club 用订阅模式销售，创立没几年，就占据了 15% 的市场份额。

这家公司于 2015 年被联合利华收购，收购价 10 亿美元。

回顾当初，2012 年的时候，它只是做了一个着陆页，用作剃须刀线上发布会。

创始人迈克尔·杜宾自掏腰包，花了 4500 美元，做了一个视频，内嵌在着陆页里面。

这次线上发布会很成功，在最初的 48 小时内，就获取了 12000 个新客户。

这个数字，对比我们现在的直播带货似乎不算什么，但是，人家不是一锤子买卖。人家的客户很稳定，因为是订阅模式。

最关键的是，着陆页当中内嵌的那个产品视频，火了。那个视频非常有意思。迄今为止，观看量超过了 2738 万次，很多人看了一遍又一遍。

那个视频能火，原因有两点：一是非常有意思；二是非常真实，里面出现了各种生活中的场景，没有修饰。

剃须刀这个项目，估计数以万计的创业者都想过，也有很多创业团队尝试过。

这个项目其实挺难的，因为：

1. 剃须刀这个领域已经有老大和老二了，市场几乎已定。宝洁公司的吉列一直主导剃须刀市场，它已经成了教学案例。

2. 一个男人从读书的时候就开始使用某个品牌，一直到现在，你想改变他的习惯，让他换一个品牌消费，很难。

3. 剃须刀市场不是特别大，竞争对手却很强大。2018 年，全球剃须刀市场规模为 102 亿美元，2018—2021 年的年复合增长率为 3.5%，预计往后几年，

这个增长率会保持不变。

但是，为什么迈克尔·杜宾把这个事情做成了呢？

这里我帮你分析、总结一下：

1. 迈克尔·杜宾拥有即兴喜剧表演的背景。在视频中，他能把剃须刀这种枯燥乏味的东西，说得非常有趣。很多人把他的那个发布视频看了很多遍，还觉得不过瘾。

2. 迈克尔·杜宾发现并解决了两个痛点：一是他认为吉列定价过高，二是消费者购买不方便。

Dollar Shave Club用订阅模式很好地解决了这两个痛点。

采用订阅模式，现金流稳定，风险大大降低，可以薄利多销，所以它的定价很低。订阅模式，就相当于定期送货上门，也解决了消费者购买不方便的问题。

3. 独特的商业模式。

传统商超是吉列、舒适的天下，Dollar Shave Club用订阅模式把线上整个市场带动起来了。

4. 会员制社群。

在营销上，它建立了社群。它的客户都很自豪能成为社群成员，帮忙介绍，还为社群贡献了很多内容，包括图文和视频。Dollar Shave Club非常重视轻松幽默的氛围，这是它的社群凝聚力的真正来源。

5. 重视会员的终身价值。

Dollar Shave Club将入门级会员的会费定得很低。他们购买的基本套装，包括剃须刀和刀片，每月只要一美元！

它不关心一单能赚多少钱，看重的是会员的终身价值，因为是订阅模式，一个会员可能会在它那儿消费一辈子。

它也知道订阅模式的收入很稳定，这会提升公司的估值，现金流非常健康，融资能力也会变得特别强。

总的来说，最核心的是价格优势。迈克尔·杜宾是个"价格屠夫"。